INGLÊS
VOCABULÁRIO

PALAVRAS MAIS ÚTEIS

PORTUGUÊS
INGLÊS BRITÂNICO

Para alargar o seu léxico e apurar
as suas competências linguísticas

5000 palavras

Vocabulário Português-Inglês britânico - 5000 palavras
Por Andrey Taranov

Os vocabulários da T&P Books destinam-se a ajudar a aprender, a memorizar, e a rever palavras estrangeiras. O dicionário é dividido em temas, cobrindo todas as principais esferas de atividades quotidianas, negócios, ciência, cultura, etc.

O processo de aprendizagem, utilizando os dicionários baseados em temáticas da T&P Books dá-lhe as seguintes vantagens:

- Informação de origem corretamente agrupada predetermina o sucesso em fases subsequentes da memorização de palavras
- Disponibilização de palavras derivadas da mesma raiz, o que permite a memorização de unidades de texto (em vez de palavras separadas)
- Pequenas unidades de palavras facilitam o processo de estabelecimento de vínculos associativos necessários para a consolidação do vocabulário
- O nível de conhecimento da língua pode ser estimado pelo número de palavras aprendidas

Copyright © 2019 T&P Books Publishing

Todos os direitos reservados. Nenhuma parte desta publicação pode ser reproduzida, total ou parcialmente, por quaisquer métodos ou processos, sejam eles eletrónicos, mecânicos, de fotocópia ou outros, sem a autorização escrita do editor. Esta publicação não pode ser divulgada, copiada ou distribuída em nenhum formato.

T&P Books Publishing
www.tpbooks.com

ISBN: 978-1-78400-910-6

Este livro também está disponível em formato E-book.
Por favor visite www.tpbooks.com ou as principais livrarias on-line.

VOCABULÁRIO INGLÊS BRITÂNICO
palavras mais úteis

Os vocabulários da T&P Books destinam-se a ajudar a aprender, a memorizar, e a rever palavras estrangeiras. O vocabulário contém mais de 5000 palavras de uso comum organizadas tematicamente.

O vocabulário contém as palavras mais comummente usadas
Recomendado como adicional para qualquer curso de línguas
Satisfaz as necessidades dos iniciados e dos alunos avançados de línguas estrangeiras
Conveniente para o uso diário, sessões de revisão e atividades de auto-teste
Permite avaliar o seu vocabulário

Características especias do vocabulário

- As palavras estão organizadas de acordo com o seu significado, e não por ordem alfabética
- As palavras são apresentadas em três colunas para facilitar os processos de revisão e auto-teste
- As palavras compostas são divididas em pequenos blocos para facilitar o processo de aprendizagem
- O vocabulário oferece uma transcrição simples e adequada de cada palavra estrangeira

O vocabulário contém 155 tópicos incluindo:

Conceitos básicos, Números, Cores, Meses, Estações do ano, Unidades de medida, Roupas & Acessórios, Alimentos & Nutrição, Restaurante, Membros da Família, Parentes, Caráter, Sentimentos, Emoções, Doenças, Cidade, Passeios, Compras, Dinheiro, Casa, Lar, Escritório, Trabalho no Escritório, Importação & Exportação, Marketing, Pesquisa de Emprego, Desportos, Educação, Computador, Internet, Ferramentas, Natureza, Países, Nacionalidades e muito mais ...

TABELA DE CONTEÚDOS

Guia de pronunciação	9
Abreviaturas	11

CONCEITOS BÁSICOS — 12
Conceitos básicos. Parte 1 — 12

1. Pronomes — 12
2. Cumprimentos. Saudações. Despedidas — 12
3. Como se dirigir a alguém — 13
4. Números cardinais. Parte 1 — 13
5. Números cardinais. Parte 2 — 14
6. Números ordinais — 15
7. Números. Frações — 15
8. Números. Operações básicas — 15
9. Números. Diversos — 15
10. Os verbos mais importantes. Parte 1 — 16
11. Os verbos mais importantes. Parte 2 — 17
12. Os verbos mais importantes. Parte 3 — 18
13. Os verbos mais importantes. Parte 4 — 19
14. Cores — 19
15. Questões — 20
16. Preposições — 21
17. Palavras funcionais. Advérbios. Parte 1 — 21
18. Palavras funcionais. Advérbios. Parte 2 — 23

Conceitos básicos. Parte 2 — 24

19. Dias da semana — 24
20. Horas. Dia e noite — 24
21. Meses. Estações — 25
22. Unidades de medida — 27
23. Recipientes — 27

O SER HUMANO — 29
O ser humano. O corpo — 29

24. Cabeça — 29
25. Corpo humano — 30

Vestuário & Acessórios — 31

26. Roupa exterior. Casacos — 31
27. Vestuário de homem & mulher — 31

28. Vestuário. Roupa interior	32
29. Adereços de cabeça	32
30. Calçado	32
31. Acessórios pessoais	33
32. Vestuário. Diversos	33
33. Cuidados pessoais. Cosméticos	34
34. Relógios de pulso. Relógios	35

Alimentação. Nutrição	36
35. Comida	36
36. Bebidas	37
37. Vegetais	38
38. Frutos. Nozes	39
39. Pão. Bolaria	40
40. Pratos cozinhados	40
41. Especiarias	41
42. Refeições	42
43. Por a mesa	43
44. Restaurante	43

Família, parentes e amigos	44
45. Informação pessoal. Formulários	44
46. Membros da família. Parentes	44

Medicina	46
47. Doenças	46
48. Sintomas. Tratamentos. Parte 1	47
49. Sintomas. Tratamentos. Parte 2	48
50. Sintomas. Tratamentos. Parte 3	49
51. Médicos	50
52. Medicina. Drogas. Acessórios	50

HABITAT HUMANO	51
Cidade	51
53. Cidade. Vida na cidade	51
54. Instituições urbanas	52
55. Sinais	53
56. Transportes urbanos	54
57. Turismo	55
58. Compras	56
59. Dinheiro	57
60. Correios. Serviço postal	58

Moradia. Casa. Lar	59
61. Casa. Eletricidade	59

62. Moradia. Mansão	59
63. Apartamento	59
64. Mobiliário. Interior	60
65. Quarto de dormir	61
66. Cozinha	61
67. Casa de banho	62
68. Eletrodomésticos	63

ATIVIDADES HUMANAS	**64**
Emprego. Negócios. Parte 1	**64**
69. Escritório. O trabalho no escritório	64
70. Processos negociais. Parte 1	65
71. Processos negociais. Parte 2	66
72. Produção. Trabalhos	67
73. Contrato. Acordo	68
74. Importação & Exportação	69
75. Finanças	69
76. Marketing	70
77. Publicidade	70
78. Banca	71
79. Telefone. Conversação telefónica	72
80. Telefone móvel	72
81. Estacionário	73
82. Tipos de negócios	73

Emprego. Negócios. Parte 2	**76**
83. Espetáculo. Feira	76
84. Ciência. Investigação. Cientistas	77

Profissões e ocupações	**78**
85. Procura de emprego. Demissão	78
86. Gente de negócios	78
87. Profissões de serviços	79
88. Profissões militares e postos	80
89. Oficiais. Padres	81
90. Profissões agrícolas	81
91. Profissões artísticas	82
92. Várias profissões	82
93. Ocupações. Estatuto social	84

Educação	**85**
94. Escola	85
95. Colégio. Universidade	86
96. Ciências. Disciplinas	87
97. Sistema de escrita. Ortografia	87
98. Línguas estrangeiras	88

| Descanso. Entretenimento. Viagens | 90 |

| 99. Viagens | 90 |
| 100. Hotel | 90 |

EQUIPAMENTO TÉCNICO. TRANSPORTES   92
Equipamento técnico. Transportes   92

101. Computador	92
102. Internet. E-mail	93
103. Eletricidade	94
104. Ferramentas	94

Transportes   97

105. Avião	97
106. Comboio	98
107. Barco	99
108. Aeroporto	100

Eventos   102

109. Férias. Evento	102
110. Funerais. Enterro	103
111. Guerra. Soldados	103
112. Guerra. Ações militares. Parte 1	104
113. Guerra. Ações militares. Parte 2	106
114. Armas	107
115. Povos da antiguidade	109
116. Idade média	109
117. Líder. Chefe. Autoridades	111
118. Viloação da lei. Criminosos. Parte 1	112
119. Viloação da lei. Criminosos. Parte 2	113
120. Polícia. Lei. Parte 1	114
121. Polícia. Lei. Parte 2	115

NATUREZA   117
A Terra. Parte 1   117

122. Espaço sideral	117
123. A Terra	118
124. Pontos cardeais	119
125. Mar. Oceano	119
126. Nomes de Mares e Oceanos	120
127. Montanhas	121
128. Nomes de montanhas	122
129. Rios	122
130. Nomes de rios	123
131. Floresta	123
132. Recursos naturais	124

A Terra. Parte 2 — 126

133. Tempo — 126
134. Tempo extremo. Catástrofes naturais — 127

Fauna — 128

135. Mamíferos. Predadores — 128
136. Animais selvagens — 128
137. Animais domésticos — 129
138. Pássaros — 130
139. Peixes. Animais marinhos — 132
140. Amfíbios. Répteis — 132
141. Insetos — 133

Flora — 134

142. Árvores — 134
143. Arbustos — 134
144. Frutos. Bagas — 135
145. Flores. Plantas — 136
146. Cereais, grãos — 137

PAÍSES. NACIONALIDADES — 138

147. Europa Ocidental — 138
148. Europa Central e de Leste — 138
149. Países da ex-URSS — 139
150. Asia — 139
151. América do Norte — 140
152. América Central do Sul — 140
153. Africa — 140
154. Austrália. Oceania — 141
155. Cidades — 141

GUIA DE PRONUNCIAÇÃO

Letra	Exemplo Inglês britânico	Alfabeto fonético T&P	Exemplo Português

Vogais

a	age	[eɪ]	seis
a	bag	[æ]	semana
a	car	[ɑː]	rapaz
a	care	[eə]	fêmea
e	meat	[iː]	cair
e	pen	[e]	metal
e	verb	[ɜ]	minhoca
e	here	[ɪə]	variedade
i	life	[aj]	baixar
i	sick	[ɪ]	sinónimo
i	girl	[ø]	orgulhoso
i	fire	[ajə]	flyer
o	rose	[əʊ]	réu
o	shop	[ɒ]	chamar
o	sport	[ɔː]	emboço
o	ore	[ɔː]	emboço
u	to include	[uː]	blusa
u	sun	[ʌ]	fax
u	church	[ɜ]	minhoca
u	pure	[ʊə]	adoecer
y	to cry	[aj]	baixar
y	system	[ɪ]	sinónimo
y	Lyre	[ajə]	flyer
y	party	[ɪ]	sinónimo

Consoantes

b	bar	[b]	barril
c	city	[s]	sanita
c	clay	[k]	kiwi
d	day	[d]	dentista
f	face	[f]	safári
g	geography	[dʒ]	adjetivo
g	glue	[g]	gosto
h	home	[h]	[h] aspirada
j	joke	[dʒ]	adjetivo
k	king	[k]	kiwi

T&P Books. Vocabulário Português-Inglês britânico - 5000 palavras

Letra	Exemplo Inglês britânico	Alfabeto fonético T&P	Exemplo Português
l	love	[l]	libra
m	milk	[m]	magnólia
n	nose	[n]	natureza
p	pencil	[p]	presente
q	queen	[k]	kiwi
r	rose	[r]	riscar
s	sleep	[s]	sanita
s	please	[z]	sésamo
s	pleasure	[ʒ]	talvez
t	table	[t]	tulipa
v	velvet	[v]	fava
w	winter	[w]	página web
x	ox	[ks]	perplexo
x	exam	[gz]	Yangtzé
z	azure	[ʒ]	talvez
z	zebra	[z]	sésamo

Combinações de letras

ch	China	[tʃ]	Tchau!
ch	chemistry	[k]	kiwi
ch	machine	[ʃ]	mês
sh	ship	[ʃ]	mês
th	weather	[ð]	[z] - fricativa dental sonora não-sibilante
th	tooth	[θ]	[s] - fricativa dental surda não-sibilante
ph	telephone	[f]	safári
ck	black	[k]	kiwi
ng	ring	[ŋ]	alcançar
ng	English	[ŋ]	alcançar
wh	white	[w]	página web
wh	whole	[h]	[h] aspirada
wr	wrong	[r]	[r] vibrante
gh	enough	[f]	safári
gh	sign	[n]	natureza
kn	knife	[n]	natureza
qu	question	[kv]	aquário
tch	catch	[tʃ]	Tchau!
oo+k	book	[ʊ]	bonita
oo+r	door	[ɔː]	emboço
ee	tree	[iː]	cair
ou	house	[aʊ]	produção
ou+r	our	[aʊə]	similar - Espanhol 'cacahuete'
ay	today	[eɪ]	seis
ey	they	[eɪ]	seis

ABREVIATURAS
usadas no vocabulário

Abreviaturas do Português

adj	-	adjetivo
adv	-	advérbio
anim.	-	animado
conj.	-	conjunção
desp.	-	desporto
etc.	-	etecetra
ex.	-	por exemplo
f	-	nome feminino
f pl	-	feminino plural
fem.	-	feminino
inanim.	-	inanimado
m	-	nome masculino
m pl	-	masculino plural
m, f	-	masculino, feminino
masc.	-	masculino
mat.	-	matemática
mil.	-	militar
pl	-	plural
prep.	-	preposição
pron.	-	pronome
sb.	-	sobre
sing.	-	singular
v aux	-	verbo auxiliar
vi	-	verbo intransitivo
vi, vt	-	verbo intransitivo, transitivo
vr	-	verbo reflexivo
vt	-	verbo transitivo

Abreviaturas do Inglês britânico

sb	-	alguém
sth	-	algo
v aux	-	verbo auxiliar
vi	-	verbo intransitivo
vi, vt	-	verbo intransitivo, transitivo
vt	-	verbo transitivo

CONCEITOS BÁSICOS

Conceitos básicos. Parte 1

1. Pronomes

eu	I, me	[aɪ], [mi:]
tu	you	[ju:]
ele	he	[hi:]
ela	she	[ʃi:]
ele, ela (neutro)	it	[ɪt]
nós	we	[wi:]
vocês	you	[ju:]
eles, elas	they	[ðeɪ]

2. Cumprimentos. Saudações. Despedidas

Olá!	Hello!	[hə'ləʊ]
Bom dia! (formal)	Hello!	[hə'ləʊ]
Bom dia! (de manhã)	Good morning!	[gʊd 'mɔ:nɪŋ]
Boa tarde!	Good afternoon!	[gʊd ˌɑ:ftə'nu:n]
Boa noite!	Good evening!	[gʊd 'i:vnɪŋ]
cumprimentar (vt)	to say hello	[tə seɪ hə'ləʊ]
Olá!	Hi!	[haɪ]
saudação (f)	greeting	['gri:tɪŋ]
saudar (vt)	to greet (vt)	[tə gri:t]
Como vai?	How are you?	[ˌhaʊ ə 'ju:]
O que há de novo?	What's new?	[ˌwɒts 'nju:]
Até à vista!	Bye-Bye! Goodbye!	[baɪ-baɪ], [gʊd'baɪ]
Até breve!	See you soon!	['si: ju ˌsu:n]
Adeus!	Goodbye!	[gʊd'baɪ]
despedir-se (vr)	to say goodbye	[tə seɪ gʊd'baɪ]
Até logo!	Cheers!	[tʃɪəz]
Obrigado! -a!	Thank you!	['θæŋk ju:]
Muito obrigado! -a!	Thank you very much!	['θæŋk ju 'veri mʌtʃ]
De nada	My pleasure!	[maɪ 'pleʒə(r)]
Não tem de quê	Don't mention it!	[ˌdəʊnt 'menʃən ɪt]
Desculpa! -pe!	Excuse me!	[ɪk'skju:z mi:]
desculpar (vt)	to excuse (vt)	[tə ɪk'skju:z]
desculpar-se (vr)	to apologize (vi)	[tə ə'pɒlədʒaɪz]
As minhas desculpas	My apologies.	[maɪ ə'pɒlədʒɪz]

Desculpe!	I'm sorry!	[aɪm 'sɒrɪ]
Não faz mal	It's okay!	[ɪts ˌəʊ'keɪ]
por favor	please	[pli:z]
Não se esqueça!	Don't forget!	[ˌdəʊnt fə'get]
Certamente! Claro!	Certainly!	['sɜːtənlɪ]
Claro que não!	Of course not!	[əv ˌkɔːs 'nɒt]
Está bem! De acordo!	Okay!	[ˌəʊ'keɪ]
Basta!	That's enough!	[ðæts ɪ'nʌf]

3. Como se dirigir a alguém

senhor	mister, sir	['mɪstə], [sɜː]
senhora	madam	['mædəm]
rapariga	miss	[mɪs]
rapaz	young man	[jʌŋ mæn]
menino	young man	[jʌŋ mæn]
menina	miss	[mɪs]

4. Números cardinais. Parte 1

zero	zero	['zɪərəʊ]
um	one	[wʌn]
dois	two	[tuː]
três	three	[θriː]
quatro	four	[fɔː(r)]
cinco	five	[faɪv]
seis	six	[sɪks]
sete	seven	['sevən]
oito	eight	[eɪt]
nove	nine	[naɪn]
dez	ten	[ten]
onze	eleven	[ɪ'levən]
doze	twelve	[twelv]
treze	thirteen	[ˌθɜː'tiːn]
catorze	fourteen	[ˌfɔː'tiːn]
quinze	fifteen	[fɪf'tiːn]
dezasseis	sixteen	[sɪks'tiːn]
dezassete	seventeen	[ˌsevən'tiːn]
dezoito	eighteen	[ˌeɪ'tiːn]
dezanove	nineteen	[ˌnaɪn'tiːn]
vinte	twenty	['twentɪ]
vinte e um	twenty-one	['twentɪ ˌwʌn]
vinte e dois	twenty-two	['twentɪ ˌtuː]
vinte e três	twenty-three	['twentɪ ˌθriː]
trinta	thirty	['θɜːtɪ]
trinta e um	thirty-one	['θɜːtɪ ˌwʌn]

| trinta e dois | thirty-two | ['θɜːtɪ ˌtuː] |
| trinta e três | thirty-three | ['θɜːtɪ ˌθriː] |

quarenta	forty	['fɔːtɪ]
quarenta e um	forty-one	['fɔːtɪˌwʌn]
quarenta e dois	forty-two	['fɔːtɪˌtuː]
quarenta e três	forty-three	['fɔːtɪˌθriː]

cinquenta	fifty	['fɪftɪ]
cinquenta e um	fifty-one	['fɪftɪ ˌwʌn]
cinquenta e dois	fifty-two	['fɪftɪ ˌtuː]
cinquenta e três	fifty-three	['fɪftɪ ˌθriː]

sessenta	sixty	['sɪkstɪ]
sessenta e um	sixty-one	['sɪkstɪ ˌwʌn]
sessenta e dois	sixty-two	['sɪkstɪ ˌtuː]
sessenta e três	sixty-three	['sɪkstɪ ˌθriː]

setenta	seventy	['sevəntɪ]
setenta e um	seventy-one	['sevəntɪ ˌwʌn]
setenta e dois	seventy-two	['sevəntɪ ˌtuː]
setenta e três	seventy-three	['sevəntɪ ˌθriː]

oitenta	eighty	['eɪtɪ]
oitenta e um	eighty-one	['eɪtɪ ˌwʌn]
oitenta e dois	eighty-two	['eɪtɪ ˌtuː]
oitenta e três	eighty-three	['eɪtɪ ˌθriː]

noventa	ninety	['naɪntɪ]
noventa e um	ninety-one	['naɪntɪ ˌwʌn]
noventa e dois	ninety-two	['naɪntɪ ˌtuː]
noventa e três	ninety-three	['naɪntɪ ˌθriː]

5. Números cardinais. Parte 2

cem	one hundred	[ˌwʌn 'hʌndrəd]
duzentos	two hundred	[tu 'hʌndrəd]
trezentos	three hundred	[θriː 'hʌndrəd]
quatrocentos	four hundred	[ˌfɔː 'hʌndrəd]
quinhentos	five hundred	[ˌfaɪv 'hʌndrəd]

seiscentos	six hundred	[sɪks 'hʌndrəd]
setecentos	seven hundred	['sevən 'hʌndrəd]
oitocentos	eight hundred	[eɪt 'hʌndrəd]
novecentos	nine hundred	[ˌnaɪn 'hʌndrəd]

mil	one thousand	[ˌwʌn 'θaʊzənd]
dois mil	two thousand	[tu 'θaʊzənd]
De quem são ...?	three thousand	[θriː 'θaʊzənd]
dez mil	ten thousand	[ten 'θaʊzənd]
cem mil	one hundred thousand	[ˌwʌn 'hʌndrəd 'θaʊzənd]

| um milhão | million | ['mɪljən] |
| mil milhões | billion | ['bɪljən] |

6. Números ordinais

primeiro	**first**	[fɜːst]
segundo	**second**	[ˈsekənd]
terceiro	**third**	[θɜːd]
quarto	**fourth**	[fɔːθ]
quinto	**fifth**	[fɪfθ]
sexto	**sixth**	[sɪksθ]
sétimo	**seventh**	[ˈsevənθ]
oitavo	**eighth**	[eɪtθ]
nono	**ninth**	[naɪnθ]
décimo	**tenth**	[tenθ]

7. Números. Frações

fração (f)	**fraction**	[ˈfrækʃən]
um meio	**one half**	[ˌwʌn ˈhɑːf]
um terço	**one third**	[wʌn θɜːd]
um quarto	**one quarter**	[wʌn ˈkwɔːtə(r)]
um oitavo	**one eighth**	[wʌn ˈeɪtθ]
um décimo	**one tenth**	[wʌn tenθ]
dois terços	**two thirds**	[tu θɜːdz]
três quartos	**three quarters**	[θriː ˈkwɔːtəz]

8. Números. Operações básicas

subtração (f)	**subtraction**	[səbˈtrækʃən]
subtrair (vi, vt)	**to subtract** (vi, vt)	[tə səbˈtrækt]
divisão (f)	**division**	[dɪˈvɪʒən]
dividir (vt)	**to divide** (vt)	[tə dɪˈvaɪd]
adição (f)	**addition**	[əˈdɪʃən]
somar (vt)	**to add up** (vt)	[tə æd ˈʌp]
adicionar (vt)	**to add** (vi, vt)	[tə æd]
multiplicação (f)	**multiplication**	[ˌmʌltɪplɪˈkeɪʃən]
multiplicar (vt)	**to multiply** (vt)	[tə ˈmʌltɪplaɪ]

9. Números. Diversos

algarismo, dígito (m)	**figure**	[ˈfɪɡə(r)]
número (m)	**number**	[ˈnʌmbə(r)]
numeral (m)	**numeral**	[ˈnjuːmərəl]
menos (m)	**minus sign**	[ˈmaɪnəs saɪn]
mais (m)	**plus sign**	[plʌs saɪn]
fórmula (f)	**formula**	[ˈfɔːmjulə]
cálculo (m)	**calculation**	[ˌkælkjʊˈleɪʃən]
contar (vt)	**to count** (vi, vt)	[tə kaʊnt]

comparar (vt)	to compare (vt)	[tə kəm'peə(r)]
Quanto?	How much?	[ˌhaʊ 'mʌtʃ]
Quantos? -as?	How many?	[ˌhaʊ 'menɪ]
soma (f)	sum, total	[sʌm], ['təʊtəl]
resultado (m)	result	[rɪ'zʌlt]
resto (m)	remainder	[rɪ'meɪndə(r)]
alguns, algumas ...	a few ...	[ə fju:]
um pouco de ...	little	['lɪtəl]
resto (m)	the rest	[ðə rest]
um e meio	one and a half	['wʌn ənd ə ˌhɑ:f]
dúzia (f)	dozen	['dʌzən]
ao meio	in half	[ɪn 'hɑ:f]
em partes iguais	equally	['i:kwəlɪ]
metade (f)	half	[hɑ:f]
vez (f)	time	[taɪm]

10. Os verbos mais importantes. Parte 1

abrir (vt)	to open (vt)	[tə 'əʊpən]
acabar, terminar (vt)	to finish (vt)	[tə 'fɪnɪʃ]
aconselhar (vt)	to advise (vt)	[tə əd'vaɪz]
adivinhar (vt)	to guess (vt)	[tə ges]
advertir (vt)	to warn (vt)	[tə wɔ:n]
ajudar (vt)	to help (vt)	[tə help]
almoçar (vi)	to have lunch	[tə hæv lʌntʃ]
alugar (~ um apartamento)	to rent (vt)	[tə rent]
amar (vt)	to love (vt)	[tə lʌv]
ameaçar (vt)	to threaten (vt)	[tə 'θretən]
anotar (escrever)	to write down	[tə ˌraɪt 'daʊn]
apanhar (vt)	to catch (vt)	[tə kætʃ]
apressar-se (vr)	to hurry (vi)	[tə 'hʌrɪ]
arrepender-se (vr)	to regret (vi)	[tə rɪ'gret]
assinar (vt)	to sign (vt)	[tə saɪn]
atirar, disparar (vi)	to shoot (vi)	[tə ʃu:t]
brincar (vi)	to joke (vi)	[tə dʒəʊk]
brincar, jogar (crianças)	to play (vi)	[tə pleɪ]
buscar (vt)	to look for ...	[tə lʊk fɔ:(r)]
caçar (vi)	to hunt (vi, vt)	[tə hʌnt]
cair (vi)	to fall (vi)	[tə fɔ:l]
cavar (vt)	to dig (vt)	[tə dɪg]
cessar (vt)	to stop (vt)	[tə stɒp]
chamar (~ por socorro)	to call (vt)	[tə kɔ:l]
chegar (vi)	to arrive (vi)	[tə ə'raɪv]
chorar (vi)	to cry (vi)	[tə kraɪ]
começar (vt)	to begin (vt)	[tə bɪ'gɪn]
comparar (vt)	to compare (vt)	[tə kəm'peə(r)]

compreender (vt)	to understand (vt)	[tə ˌʌndəˈstænd]
concordar (vi)	to agree (vi)	[tə əˈgriː]
confiar (vt)	to trust (vt)	[tə trʌst]

confundir (equivocar-se)	to confuse, to mix up (vt)	[tə kənˈfjuːz], [tə mɪks ʌp]
conhecer (vt)	to know (vt)	[tə nəʊ]
contar (fazer contas)	to count (vt)	[tə kaʊnt]
contar com (esperar)	to count on ...	[tə kaʊnt ɒn]
continuar (vt)	to continue (vt)	[tə kənˈtɪnjuː]

controlar (vt)	to control (vt)	[tə kənˈtrəʊl]
convidar (vt)	to invite (vt)	[tə ɪnˈvaɪt]
correr (vi)	to run (vi)	[tə rʌn]
criar (vt)	to create (vt)	[tə kriːˈeɪt]
custar (vt)	to cost (vt)	[tə kɒst]

11. Os verbos mais importantes. Parte 2

dar (vt)	to give (vt)	[tə gɪv]
dar uma dica	to give a hint	[tə gɪv ə hɪnt]
decorar (enfeitar)	to decorate (vt)	[tə ˈdekəreɪt]
defender (vt)	to defend (vt)	[tə dɪˈfend]
deixar cair (vt)	to drop (vt)	[tə drɒp]

descer (para baixo)	to come down	[tə kʌm daʊn]
desculpar (vt)	to excuse (vt)	[tə ɪkˈskjuːz]
dirigir (~ uma empresa)	to run, to manage	[tə rʌn], [tə ˈmænɪdʒ]
discutir (notícias, etc.)	to discuss (vt)	[tə dɪsˈkʌs]
dizer (vt)	to say (vt)	[tə seɪ]

duvidar (vt)	to doubt (vi)	[tə daʊt]
enganar (vt)	to deceive (vi, vt)	[tə dɪˈsiːv]
entrar (na sala, etc.)	to enter (vt)	[tə ˈentə(r)]
enviar (uma carta)	to send (vt)	[tə send]

errar (equivocar-se)	to make a mistake	[tə meɪk ə mɪˈsteɪk]
escolher (vt)	to choose (vt)	[tə tʃuːz]
esconder (vt)	to hide (vt)	[tə haɪd]
escrever (vt)	to write (vt)	[tə raɪt]
esperar (o autocarro, etc.)	to wait (vt)	[tə weɪt]

esperar (ter esperança)	to hope (vi, vt)	[tə həʊp]
esquecer (vt)	to forget (vi, vt)	[tə fəˈget]
estudar (vt)	to study (vt)	[tə ˈstʌdɪ]
exigir (vt)	to demand (vt)	[tə dɪˈmɑːnd]
existir (vi)	to exist (vi)	[tə ɪgˈzɪst]

explicar (vt)	to explain (vt)	[tə ɪkˈspleɪn]
falar (vi)	to speak (vi, vt)	[tə spiːk]
faltar (clases, etc.)	to miss (vt)	[tə mɪs]
fazer (vt)	to do (vt)	[tə duː]
ficar em silêncio	to keep silent	[tə kiːp ˈsaɪlənt]
gabar-se, jactar-se (vr)	to boast (vi)	[tə bəʊst]
gostar (apreciar)	to fancy (vt)	[tə ˈfænsɪ]

gritar (vi)	to shout (vi)	[tə ʃaʊt]
guardar (cartas, etc.)	to keep (vt)	[tə kiːp]
informar (vt)	to inform (vt)	[tə ɪnˈfɔːm]
insultar (vt)	to insult (vt)	[tə ɪnˈsʌlt]
interessar-se (vr)	to be interested in …	[tə bi ˈɪntrestɪd ɪn]
ir (a pé)	to go (vi)	[tə gəʊ]
ir nadar	to go for a swim	[tə gəʊ fɔrə swɪm]
jantar (vi)	to have dinner	[tə hæv ˈdɪnə(r)]

12. Os verbos mais importantes. Parte 3

ler (vt)	to read (vi, vt)	[tə riːd]
libertar (cidade, etc.)	to liberate (vt)	[tə ˈlɪbəreɪt]
matar (vt)	to kill (vt)	[tə kɪl]
mencionar (vt)	to mention (vt)	[tə ˈmenʃən]
mostrar (vt)	to show (vt)	[tə ʃəʊ]
mudar (modificar)	to change (vt)	[tə tʃeɪndʒ]
nadar (vi)	to swim (vi)	[tə swɪm]
negar-se a …	to refuse (vi, vt)	[tə rɪˈfjuːz]
objetar (vt)	to object (vi, vt)	[tə əbˈdʒekt]
observar (vt)	to observe (vt)	[tə əbˈzɜːv]
ordenar (mil.)	to order (vi, vt)	[tə ˈɔːdə(r)]
ouvir (vt)	to hear (vt)	[tə hɪə(r)]
pagar (vt)	to pay (vi, vt)	[tə peɪ]
parar (vi)	to stop (vi)	[tə stɒp]
participar (vi)	to participate (vi)	[tə pɑːˈtɪsɪpeɪt]
pedir (comida)	to order (vt)	[tə ˈɔːdə(r)]
pedir (um favor, etc.)	to ask (vt)	[tə ɑːsk]
pegar (tomar)	to take (vt)	[tə teɪk]
pensar (vt)	to think (vi, vt)	[tə θɪŋk]
perceber (ver)	to notice (vt)	[tə ˈnəʊtɪs]
perdoar (vt)	to forgive (vt)	[tə fəˈgɪv]
perguntar (vt)	to ask (vt)	[tə ɑːsk]
permitir (vt)	to permit (vt)	[tə pəˈmɪt]
pertencer a …	to belong to …	[tə bɪˈlɒŋ tuː]
planear (vt)	to plan (vt)	[tə plæn]
poder (vi)	can (v aux)	[kæn]
possuir (vt)	to own (vt)	[tə əʊn]
preferir (vt)	to prefer (vt)	[tə prɪˈfɜː(r)]
preparar (vt)	to cook (vt)	[tə kʊk]
prever (vt)	to expect (vt)	[tə ɪkˈspekt]
prometer (vt)	to promise (vt)	[tə ˈprɒmɪs]
pronunciar (vt)	to pronounce (vt)	[tə prəˈnaʊns]
propor (vt)	to propose (vt)	[tə prəˈpəʊz]
punir (castigar)	to punish (vt)	[tə ˈpʌnɪʃ]

13. Os verbos mais importantes. Parte 4

quebrar (vt)	to break (vt)	[tə breɪk]
queixar-se (vr)	to complain (vi, vt)	[tə kəm'pleɪn]
querer (desejar)	to want (vt)	[tə wɒnt]
recomendar (vt)	to recommend (vt)	[tə ˌrekə'mend]
repetir (dizer outra vez)	to repeat (vt)	[tə rɪ'piːt]
repreender (vt)	to scold (vt)	[tə skəʊld]
reservar (~ um quarto)	to reserve, to book	[tə rɪ'zɜːv], [tə bʊk]
responder (vt)	to answer (vi, vt)	[tə 'ɑːnsə(r)]
rezar, orar (vi)	to pray (vi, vt)	[tə preɪ]
rir (vi)	to laugh (vi)	[tə lɑːf]
roubar (vt)	to steal (vt)	[tə stiːl]
saber (vt)	to know (vt)	[tə nəʊ]
sair (~ de casa)	to go out	[tə gəʊ aʊt]
salvar (vt)	to save, to rescue	[tə seɪv], [tə 'reskjuː]
seguir ...	to follow ...	[tə 'fɒləʊ]
sentar-se (vr)	to sit down (vi)	[tə sɪt daʊn]
ser necessário	to be needed	[tə bi 'niːdɪd]
ser, estar	to be (vi)	[tə biː]
significar (vt)	to mean (vt)	[tə miːn]
sorrir (vi)	to smile (vi)	[tə smaɪl]
subestimar (vt)	to underestimate (vt)	[tə ˌʌndə'restɪmeɪt]
surpreender-se (vr)	to be surprised	[tə bi sə'praɪzd]
tentar (vt)	to try (vt)	[tə traɪ]
ter (vt)	to have (vt)	[tə hæv]
ter fome	to be hungry	[tə bi 'hʌŋgrɪ]
ter medo	to be afraid	[tə bi ə'freɪd]
ter sede	to be thirsty	[tə bi 'θɜːstɪ]
tocar (com as mãos)	to touch (vt)	[tə tʌtʃ]
tomar o pequeno-almoço	to have breakfast	[tə hæv 'brekfəst]
trabalhar (vi)	to work (vi)	[tə wɜːk]
traduzir (vt)	to translate (vt)	[tə træns'leɪt]
unir (vt)	to unite (vt)	[tə juː'naɪt]
vender (vt)	to sell (vt)	[tə sel]
ver (vt)	to see (vt)	[tə siː]
virar (ex. ~ à direita)	to turn (vi)	[tə tɜːn]
voar (vi)	to fly (vi)	[tə flaɪ]

14. Cores

cor (f)	colour	['kʌlə(r)]
matiz (m)	shade	[ʃeɪd]
tom (m)	hue	[hjuː]
arco-íris (m)	rainbow	['reɪnbəʊ]
branco	white	[waɪt]

| preto | black | [blæk] |
| cinzento | grey | [greɪ] |

verde	green	[griːn]
amarelo	yellow	[ˈjeləʊ]
vermelho	red	[red]

azul	blue	[bluː]
azul claro	light blue	[ˌlaɪt ˈbluː]
rosa	pink	[pɪŋk]
laranja	orange	[ˈɒrɪndʒ]
violeta	violet	[ˈvaɪələt]
castanho	brown	[braʊn]

| dourado | golden | [ˈgəʊldən] |
| prateado | silvery | [ˈsɪlvərɪ] |

bege	beige	[beɪʒ]
creme	cream	[kriːm]
turquesa	turquoise	[ˈtɜːkwɔɪz]
vermelho cereja	cherry red	[ˈtʃerɪ red]
lilás	lilac	[ˈlaɪlək]
carmesim	crimson	[ˈkrɪmzən]

claro	light	[laɪt]
escuro	dark	[dɑːk]
vivo	bright	[braɪt]

de cor	coloured	[ˈkʌləd]
a cores	colour	[ˈkʌlə(r)]
preto e branco	black-and-white	[blæk ən waɪt]
unicolor	plain, one-coloured	[pleɪn], [ˌwʌnˈkʌləd]
multicor	multicoloured	[ˈmʌltɪˌkʌləd]

15. Questões

Quem?	Who?	[huː]
Que?	What?	[wɒt]
Onde?	Where?	[weə]
Para onde?	Where?	[weə]
De onde?	From where?	[frɒm weə]
Quando?	When?	[wen]
Para quê?	Why?	[waɪ]
Para quê?	What for?	[wɒt fɔː(r)]
Como?	How?	[haʊ]
Qual? (entre dois ou mais)	Which?	[wɪtʃ]

A quem?	To whom?	[tə huːm]
Sobre quem?	About whom?	[əˈbaʊt huːm]
Do quê?	About what?	[əˈbaʊt ˌwɒt]
Com quem?	With whom?	[wɪð ˈhuːm]
Quantos? -as?	How many?	[ˌhaʊ ˈmenɪ]
Quanto?	How much?	[ˌhaʊ ˈmʌtʃ]
De quem?	Whose?	[huːz]

16. Preposições

com (prep.)	with	[wɪð]
sem (prep.)	without	[wɪ'ðaʊt]
a, para (exprime lugar)	to	[tu:]
sobre (ex. falar ~)	about	[ə'baʊt]
antes de ...	before	[bɪ'fɔ:(r)]
diante de ...	in front of ...	[ɪn 'frʌnt əv]
sob (debaixo de)	under	['ʌndə(r)]
sobre (em cima de)	above	[ə'bʌv]
sobre (~ a mesa)	on	[ɒn]
de (vir ~ Lisboa)	from	[frɒm]
de (feito ~ pedra)	of	[əv]
dentro de (~ dez minutos)	in	[ɪn]
por cima de ...	over	['əʊvə(r)]

17. Palavras funcionais. Advérbios. Parte 1

Onde?	Where?	[weə]
aqui	here	[hɪə(r)]
lá, ali	there	[ðeə(r)]
em algum lugar	somewhere	['sʌmweə(r)]
em lugar nenhum	nowhere	['nəʊweə(r)]
ao pé de ...	by	[baɪ]
ao pé da janela	by the window	[baɪ ðə 'wɪndəʊ]
Para onde?	Where?	[weə]
para cá	here	[hɪə(r)]
para lá	there	[ðeə(r)]
daqui	from here	[frɒm hɪə(r)]
de lá, dali	from there	[frɒm ðeə(r)]
perto	close	[kləʊs]
longe	far	[fɑ:(r)]
perto, não fica longe	not far	[nɒt fɑ:(r)]
esquerdo	left	[left]
à esquerda	on the left	[ɒn ðə left]
para esquerda	to the left	[tə ðə left]
direito	right	[raɪt]
à direita	on the right	[ɒn ðə raɪt]
para direita	to the right	[tə ðə raɪt]
à frente	in front	[ɪn frʌnt]
da frente	front	[frʌnt]
em frente (para a frente)	ahead	[ə'hed]
atrás de ...	behind	[bɪ'haɪnd]
por detrás (vir ~)	from behind	[frɒm bɪ'haɪnd]

para trás	back	[bæk]
meio (m), metade (f)	middle	['mɪdəl]
no meio	in the middle	[ɪn ðə 'mɪdəl]

de lado	at the side	[ət ðə saɪd]
em todo lugar	everywhere	['evrɪweə(r)]
ao redor (olhar ~)	around	[ə'raʊnd]

de dentro	from inside	[frɒm ɪn'saɪd]
para algum lugar	somewhere	['sʌmweə(r)]
diretamente	straight	[streɪt]
de volta	back	[bæk]

| de algum lugar | from anywhere | [frɒm 'enɪweə(r)] |
| de um lugar | from somewhere | [frɒm 'sʌmweə(r)] |

em primeiro lugar	firstly	['fɜːstlɪ]
em segundo lugar	secondly	['sekəndlɪ]
em terceiro lugar	thirdly	['θɜːdlɪ]

de repente	suddenly	['sʌdənlɪ]
no início	at first	[ət fɜːst]
pela primeira vez	for the first time	[fɔː ðə 'fɜːst ˌtaɪm]
muito antes de ...	long before ...	[lɒŋ bɪ'fɔː(r)]
para sempre	for good	[fɔː 'gʊd]

nunca	never	['nevə(r)]
de novo	again	[ə'gen]
agora	now	[naʊ]
frequentemente	often	['ɒfən]
então	then	[ðen]
urgentemente	urgently	['ɜːdʒəntlɪ]
usualmente	usually	['juːʒəlɪ]

a propósito, ...	by the way, ...	[baɪ ðə weɪ]
é possível	possibly	['pɒsəblɪ]
provavelmente	probably	['prɒbəblɪ]
talvez	maybe	['meɪbiː]
além disso, ...	besides ...	[bɪ'saɪdz]
por isso ...	that's why ...	[ðæts waɪ]
apesar de ...	in spite of ...	[ɪn 'spaɪt əv]
graças a ...	thanks to ...	['θæŋks tuː]

que (pron.)	what	[wɒt]
que (conj.)	that	[ðæt]
algo	something	['sʌmθɪŋ]
alguma coisa	anything, something	['enɪθɪŋ], ['sʌmθɪŋ]
nada	nothing	['nʌθɪŋ]

quem	who	[huː]
alguém (~ teve uma ideia ...)	someone	['sʌmwʌn]
alguém	somebody	['sʌmbədɪ]

ninguém	nobody	['nəʊbədɪ]
para lugar nenhum	nowhere	['nəʊweə(r)]
de ninguém	nobody's	['nəʊbədɪz]

de alguém	somebody's	['sʌmbədɪz]
tão	so	[səʊ]
também (gostaria ~ de ...)	also	['ɔːlsəʊ]
também (~ eu)	too	[tuː]

18. Palavras funcionais. Advérbios. Parte 2

Porquê?	Why?	[waɪ]
por alguma razão	for some reason	[fɔː 'sʌm ˌriːzən]
porque ...	because ...	[bɪ'kɒz]

e (tu ~ eu)	and	[ænd]
ou (ser ~ não ser)	or	[ɔː(r)]
mas (porém)	but	[bʌt]
para (~ a minha mãe)	for	[fɔːr]

demasiado, muito	too	[tuː]
só, somente	only	['əʊnlɪ]
exatamente	exactly	[ɪɡ'zæktlɪ]
cerca de (~ 10 kg)	about	[ə'baʊt]

aproximadamente	approximately	[ə'prɒksɪmətlɪ]
aproximado	approximate	[ə'prɒksɪmət]
quase	almost	['ɔːlməʊst]
resto (m)	the rest	[ðə rest]

o outro (segundo)	the other	[ðə ʌðə(r)]
outro	other	['ʌðə(r)]
cada	each	[iːtʃ]
qualquer	any	['enɪ]
muitos, muitas	many	['menɪ]
muito	much	[mʌtʃ]
muitas pessoas	many people	[ˌmenɪ 'piːpəl]
todos	all	[ɔːl]

em troca de ...	in return for ...	[ɪn rɪ'tɜːn fɔː]
em troca	in exchange	[ɪn ɪks'tʃeɪndʒ]
à mão	by hand	[baɪ hænd]
pouco provável	hardly	['hɑːdlɪ]

provavelmente	probably	['prɒbəblɪ]
de propósito	on purpose	[ɒn 'pɜːpəs]
por acidente	by accident	[baɪ 'æksɪdənt]

muito	very	['verɪ]
por exemplo	for example	[fɔːr ɪɡ'zɑːmpəl]
entre	between	[bɪ'twiːn]
entre (no meio de)	among	[ə'mʌŋ]
tanto	so much	[səʊ mʌtʃ]
especialmente	especially	[ɪ'speʃəlɪ]

Conceitos básicos. Parte 2

19. Dias da semana

segunda-feira (f)	Monday	['mʌndɪ]
terça-feira (f)	Tuesday	['tjuːzdɪ]
quarta-feira (f)	Wednesday	['wenzdɪ]
quinta-feira (f)	Thursday	['θɜːzdɪ]
sexta-feira (f)	Friday	['fraɪdɪ]
sábado (m)	Saturday	['sætədɪ]
domingo (m)	Sunday	['sʌndɪ]
hoje	today	[tə'deɪ]
amanhã	tomorrow	[tə'mɒrəʊ]
depois de amanhã	the day after tomorrow	[ðə deɪ 'ɑːftə tə'mɒrəʊ]
ontem	yesterday	['jestədɪ]
anteontem	the day before yesterday	[ðə deɪ bɪ'fɔː 'jestədɪ]
dia (m)	day	[deɪ]
dia (m) de trabalho	working day	['wɜːkɪŋ deɪ]
feriado (m)	public holiday	['pʌblɪk 'hɒlɪdeɪ]
dia (m) de folga	day off	[ˌdeɪ'ɒf]
fim (m) de semana	weekend	[ˌwiːk'end]
o dia todo	all day long	[ɔːl 'deɪ ˌlɒŋ]
no dia seguinte	the next day	[ðə nekst deɪ]
há dois dias	two days ago	[tu deɪz ə'gəʊ]
na véspera	the day before	[ðə deɪ bɪ'fɔː(r)]
diário	daily	['deɪlɪ]
todos os dias	every day	[ˌevrɪ 'deɪ]
semana (f)	week	[wiːk]
na semana passada	last week	[ˌlɑːst 'wiːk]
na próxima semana	next week	[ˌnekst 'wiːk]
semanal	weekly	['wiːklɪ]
cada semana	every week	[ˌevrɪ 'wiːk]
duas vezes por semana	twice a week	[ˌtwaɪs ə 'wiːk]
cada terça-feira	every Tuesday	['evrɪ 'tjuːzdɪ]

20. Horas. Dia e noite

manhã (f)	morning	['mɔːnɪŋ]
de manhã	in the morning	[ɪn ðə 'mɔːnɪŋ]
meio-dia (m)	noon, midday	[nuːn], ['mɪdeɪ]
à tarde	in the afternoon	[ɪn ðə ˌɑːftə'nuːn]
noite (f)	evening	['iːvnɪŋ]
à noite (noitinha)	in the evening	[ɪn ðɪ 'iːvnɪŋ]

noite (f)	night	[naɪt]
à noite	at night	[ət naɪt]
meia-noite (f)	midnight	['mɪdnaɪt]
segundo (m)	second	['sekənd]
minuto (m)	minute	['mɪnɪt]
hora (f)	hour	['aʊə(r)]
meia hora (f)	half an hour	[ˌhɑːf ən 'aʊə(r)]
quarto (m) de hora	a quarter-hour	[ə 'kwɔːtər'aʊə(r)]
quinze minutos	fifteen minutes	[fɪf'tiːn 'mɪnɪts]
vinte e quatro horas	twenty four hours	['twentɪ fɔːr'aʊəz]
nascer (m) do sol	sunrise	['sʌnraɪz]
amanhecer (m)	dawn	[dɔːn]
madrugada (f)	early morning	['ɜːlɪ 'mɔːnɪŋ]
pôr do sol (m)	sunset	['sʌnset]
de madrugada	early in the morning	['ɜːlɪ ɪn ðə 'mɔːnɪŋ]
hoje de manhã	this morning	[ðɪs 'mɔːnɪŋ]
amanhã de manhã	tomorrow morning	[tə'mɒrəʊ 'mɔːnɪŋ]
hoje à tarde	this afternoon	[ðɪs ˌɑːftə'nuːn]
à tarde	in the afternoon	[ɪn ðə ˌɑːftə'nuːn]
amanhã à tarde	tomorrow afternoon	[tə'mɒrəʊ ˌɑːftə'nuːn]
hoje à noite	tonight	[tə'naɪt]
amanhã à noite	tomorrow night	[tə'mɒrəʊ naɪt]
às três horas em ponto	at 3 o'clock sharp	[ət θriː ə'klɒk ʃɑːp]
por volta das quatro	about 4 o'clock	[ə'baʊt ˌfɔːrə'klɒk]
às doze	by 12 o'clock	[baɪ twelv ə'klɒk]
dentro de vinte minutos	in 20 minutes	[ɪn 'twentɪ ˌmɪnɪts]
dentro duma hora	in an hour	[ɪn ən 'aʊə(r)]
a tempo	on time	[ɒn 'taɪm]
menos um quarto	a quarter to ...	[ə 'kwɔːtə tə]
durante uma hora	within an hour	[wɪ'ðɪn æn 'aʊə(r)]
a cada quinze minutos	every 15 minutes	['evrɪ fɪf'tiːn 'mɪnɪts]
as vinte e quatro horas	round the clock	['raʊnd ðə ˌklɒk]

21. Meses. Estações

janeiro (m)	January	['dʒænjʊərɪ]
fevereiro (m)	February	['februərɪ]
março (m)	March	[mɑːtʃ]
abril (m)	April	['eɪprəl]
maio (m)	May	[meɪ]
junho (m)	June	[dʒuːn]
julho (m)	July	[dʒuː'laɪ]
agosto (m)	August	['ɔːgəst]
setembro (m)	September	[sep'tembə(r)]
outubro (m)	October	[ɒk'təʊbə(r)]

novembro (m)	November	[nəʊˈvembə(r)]
dezembro (m)	December	[dɪˈsembə(r)]
primavera (f)	spring	[sprɪŋ]
na primavera	in spring	[ɪn sprɪŋ]
primaveril	spring	[sprɪŋ]
verão (m)	summer	[ˈsʌmə(r)]
no verão	in summer	[ɪn ˈsʌmə(r)]
de verão	summer	[ˈsʌmə(r)]
outono (m)	autumn	[ˈɔːtəm]
no outono	in autumn	[ɪn ˈɔːtəm]
outonal	autumn	[ˈɔːtəm]
inverno (m)	winter	[ˈwɪntə(r)]
no inverno	in winter	[ɪn ˈwɪntə(r)]
de inverno	winter	[ˈwɪntə(r)]
mês (m)	month	[mʌnθ]
este mês	this month	[ðɪs mʌnθ]
no próximo mês	next month	[ˌnekst ˈmʌnθ]
no mês passado	last month	[ˌlɑːst ˈmʌnθ]
há um mês	a month ago	[əˌmʌnθ əˈgəʊ]
dentro de um mês	in a month	[ɪn ə ˈmʌnθ]
dentro de dois meses	in two months	[ɪn ˌtuː ˈmʌnθs]
todo o mês	the whole month	[ðə ˌhəʊl ˈmʌnθ]
um mês inteiro	all month long	[ɔːl ˈmʌnθ ˌlɒŋ]
mensal	monthly	[ˈmʌnθlɪ]
mensalmente	monthly	[ˈmʌnθlɪ]
cada mês	every month	[ˌevrɪ ˈmʌnθ]
duas vezes por mês	twice a month	[ˌtwaɪs ə ˈmʌnθ]
ano (m)	year	[jɪə(r)]
este ano	this year	[ðɪs jɪə(r)]
no próximo ano	next year	[ˌnekst ˈjɪə(r)]
no ano passado	last year	[ˌlɑːst ˈjɪə(r)]
há um ano	a year ago	[ə jɪərəˈgəʊ]
dentro dum ano	in a year	[ɪn ə ˈjɪə(r)]
dentro de 2 anos	in two years	[ɪn ˌtuː ˈjɪəz]
todo o ano	the whole year	[ðə ˌhəʊl ˈjɪə(r)]
um ano inteiro	all year long	[ɔːl ˈjɪə ˌlɒŋ]
cada ano	every year	[ˌevrɪ ˈjɪə(r)]
anual	annual	[ˈænjʊəl]
anualmente	annually	[ˈænjʊəlɪ]
quatro vezes por ano	4 times a year	[fɔː taɪmz əˌjɪər]
data (~ de hoje)	date	[deɪt]
data (ex. ~ de nascimento)	date	[deɪt]
calendário (m)	calendar	[ˈkælɪndə(r)]
meio ano	half a year	[ˌhɑːf ə ˈjɪə(r)]
seis meses	six months	[sɪks mʌnθs]
estação (f)	season	[ˈsiːzən]

22. Unidades de medida

peso (m)	weight	[weɪt]
comprimento (m)	length	[leŋθ]
largura (f)	width	[wɪdθ]
altura (f)	height	[haɪt]
profundidade (f)	depth	[depθ]
volume (m)	volume	['vɒljuːm]
área (f)	area	['eərɪə]
grama (m)	gram	[græm]
miligrama (m)	milligram	['mɪlɪgræm]
quilograma (m)	kilogram	['kɪləˌgræm]
tonelada (f)	ton	[tʌn]
libra (453,6 gramas)	pound	[paʊnd]
onça (f)	ounce	[aʊns]
metro (m)	metre	['miːtə(r)]
milímetro (m)	millimetre	['mɪlɪˌmiːtə(r)]
centímetro (m)	centimetre	['sentɪˌmiːtə(r)]
quilómetro (m)	kilometre	['kɪləˌmiːtə(r)]
milha (f)	mile	[maɪl]
polegada (f)	inch	[ɪntʃ]
pé (304,74 mm)	foot	[fʊt]
jarda (914,383 mm)	yard	[jɑːd]
metro (m) quadrado	square metre	[skweə 'miːtə(r)]
hectare (m)	hectare	['hekteə(r)]
litro (m)	litre	['liːtə(r)]
grau (m)	degree	[dɪ'griː]
volt (m)	volt	[vəʊlt]
ampere (m)	ampere	['æmpeə(r)]
cavalo-vapor (m)	horsepower	['hɔːsˌpaʊə(r)]
quantidade (f)	quantity	['kwɒntɪtɪ]
um pouco de …	a little bit of …	[ə 'lɪtəl bɪt əv]
metade (f)	half	[hɑːf]
dúzia (f)	dozen	['dʌzən]
peça (f)	piece	[piːs]
dimensão (f)	size	[saɪz]
escala (f)	scale	[skeɪl]
mínimo	minimal	['mɪnɪməl]
menor, mais pequeno	the smallest	[ðə 'smɔːləst]
médio	medium	['miːdɪəm]
máximo	maximal	['mæksɪməl]
maior, mais grande	the largest	[ðə 'lɑːdʒɪst]

23. Recipientes

boião (m) de vidro	jar	[dʒɑː(r)]
lata (~ de cerveja)	tin	[tɪn]

balde (m)	**bucket**	['bʌkɪt]
barril (m)	**barrel**	['bærəl]

bacia (~ de plástico)	**basin**	['beɪsən]
tanque (m)	**tank**	[tæŋk]
cantil (m) de bolso	**hip flask**	[hɪp flɑːsk]
bidão (m) de gasolina	**jerrycan**	['dʒerɪkæn]
cisterna (f)	**tank**	[tæŋk]

caneca (f)	**mug**	[mʌg]
chávena (f)	**cup**	[kʌp]
pires (m)	**saucer**	['sɔːsə(r)]
copo (m)	**glass**	[glɑːs]
taça (f) de vinho	**glass**	[glɑːs]
panela, caçarola (f)	**stock pot**	[stɒk pɒt]

garrafa (f)	**bottle**	['bɒtəl]
gargalo (m)	**neck**	[nek]

jarro, garrafa (f)	**carafe**	[kə'ræf]
jarro (m) de barro	**jug**	[dʒʌg]
recipiente (m)	**vessel**	['vesəl]
pote (m)	**pot**	[pɒt]
vaso (m)	**vase**	[vɑːz]

frasco (~ de perfume)	**bottle**	['bɒtəl]
frasquinho (ex. ~ de iodo)	**vial, small bottle**	['vaɪəl], [smɔːl 'bɒtəl]
tubo (~ de pasta dentífrica)	**tube**	[tjuːb]

saca (ex. ~ de açúcar)	**sack**	[sæk]
saco (~ de plástico)	**bag**	[bæg]
maço (m)	**packet**	['pækɪt]

caixa (~ de sapatos, etc.)	**box**	[bɒks]
caixa (~ de madeira)	**box**	[bɒks]
cesta (f)	**basket**	['bɑːskɪt]

O SER HUMANO

O ser humano. O corpo

24. Cabeça

cabeça (f)	head	[hed]
cara (f)	face	[feɪs]
nariz (m)	nose	[nəʊz]
boca (f)	mouth	[maʊθ]
olho (m)	eye	[aɪ]
olhos (m pl)	eyes	[aɪz]
pupila (f)	pupil	['pjuːpəl]
sobrancelha (f)	eyebrow	['aɪbraʊ]
pestana (f)	eyelash	['aɪlæʃ]
pálpebra (f)	eyelid	['aɪlɪd]
língua (f)	tongue	[tʌŋ]
dente (m)	tooth	[tuːθ]
lábios (m pl)	lips	[lɪps]
maçãs (f pl) do rosto	cheekbones	['tʃiːkbəʊnz]
gengiva (f)	gum	[gʌm]
palato (m)	palate	['pælət]
narinas (f pl)	nostrils	['nɒstrɪlz]
queixo (m)	chin	[tʃɪn]
mandíbula (f)	jaw	[dʒɔː]
bochecha (f)	cheek	[tʃiːk]
testa (f)	forehead	['fɔːhed]
têmpora (f)	temple	['tempəl]
orelha (f)	ear	[ɪə(r)]
nuca (f)	back of the head	['bæk əv ðə ˌhed]
pescoço (m)	neck	[nek]
garganta (f)	throat	[θrəʊt]
cabelos (m pl)	hair	[heə(r)]
penteado (m)	hairstyle	['heəstaɪl]
corte (m) de cabelo	haircut	['heəkʌt]
peruca (f)	wig	[wɪg]
bigode (m)	moustache	[mə'stɑːʃ]
barba (f)	beard	[bɪəd]
usar, ter (~ barba, etc.)	to have (vt)	[tə hæv]
trança (f)	plait	[plæt]
suíças (f pl)	sideboards	['saɪdbɔːdz]
ruivo	red-haired	['red ˌheəd]
grisalho	grey	[greɪ]

calvo	bald	[bɔːld]
calva (f)	bald patch	[bɔːld pætʃ]
rabo-de-cavalo (m)	ponytail	['pəʊnɪteɪl]
franja (f)	fringe	[frɪndʒ]

25. Corpo humano

mão (f)	hand	[hænd]
braço (m)	arm	[ɑːm]
dedo (m)	finger	['fɪŋɡə(r)]
polegar (m)	thumb	[θʌm]
dedo (m) mindinho	little finger	[ˌlɪtəl 'fɪŋɡə(r)]
unha (f)	nail	[neɪl]
punho (m)	fist	[fɪst]
palma (f) da mão	palm	[pɑːm]
pulso (m)	wrist	[rɪst]
antebraço (m)	forearm	['fɔːrˌɑːm]
cotovelo (m)	elbow	['elbəʊ]
ombro (m)	shoulder	['ʃəʊldə(r)]
perna (f)	leg	[leɡ]
pé (m)	foot	[fʊt]
joelho (m)	knee	[niː]
barriga (f) da perna	calf	[kɑːf]
anca (f)	hip	[hɪp]
calcanhar (m)	heel	[hiːl]
corpo (m)	body	['bɒdɪ]
barriga (f)	stomach	['stʌmək]
peito (m)	chest	[tʃest]
seio (m)	breast	[brest]
lado (m)	flank	[flæŋk]
costas (f pl)	back	[bæk]
região (f) lombar	lower back	['ləʊə bæk]
cintura (f)	waist	[weɪst]
umbigo (m)	navel, belly button	['neɪvəl], ['belɪ 'bʌtən]
nádegas (f pl)	buttocks	['bʌtəks]
traseiro (m)	bottom	['bɒtəm]
sinal (m)	beauty spot	['bjuːtɪ spɒt]
tatuagem (f)	tattoo	[tə'tuː]
cicatriz (f)	scar	[skɑː(r)]

Vestuário & Acessórios

26. Roupa exterior. Casacos

roupa (f)	clothes	[kləʊðz]
roupa (f) exterior	outerwear	[ˈaʊtəweə(r)]
roupa (f) de inverno	winter clothing	[ˈwɪntə ˈkləʊðɪŋ]
sobretudo (m)	coat, overcoat	[kəʊt], [ˈəʊvəkəʊt]
casaco (m) de peles	fur coat	[ˈfɜːˌkəʊt]
casaco curto (m) de peles	fur jacket	[ˈfɜː ˈdʒækɪt]
casaco (m) acolchoado	down coat	[ˈdaʊn ˌkəʊt]
casaco, blusão (m)	jacket	[ˈdʒækɪt]
impermeável (m)	raincoat	[ˈreɪnkəʊt]
impermeável	waterproof	[ˈwɔːtəpruːf]

27. Vestuário de homem & mulher

camisa (f)	shirt	[ʃɜːt]
calças (f pl)	trousers	[ˈtraʊzəz]
calças (f pl) de ganga	jeans	[dʒiːnz]
casaco (m) de fato	jacket	[ˈdʒækɪt]
fato (m)	suit	[suːt]
vestido (ex. ~ vermelho)	dress	[dres]
saia (f)	skirt	[skɜːt]
blusa (f)	blouse	[blaʊz]
casaco (m) de malha	knitted jacket	[ˈnɪtɪd ˈdʒækɪt]
casaco, blazer (m)	jacket	[ˈdʒækɪt]
T-shirt, camiseta (f)	T-shirt	[ˈtiː ʃɜːt]
calções (Bermudas, etc.)	shorts	[ʃɔːts]
fato (m) de treino	tracksuit	[ˈtræksuːt]
roupão (m) de banho	bathrobe	[ˈbɑːθrəʊb]
pijama (m)	pyjamas	[pəˈdʒɑːməz]
suéter (m)	sweater, jumper	[ˈswetə(r)], [ˈdʒʌmpə(r)]
pulôver (m)	pullover	[ˈpʊlˌəʊvə(r)]
colete (m)	waistcoat	[ˈweɪskəʊt]
fraque (m)	tailcoat	[ˌteɪlˈkəʊt]
smoking (m)	dinner suit	[ˈdɪnə suːt]
uniforme (m)	uniform	[ˈjuːnɪfɔːm]
roupa (f) de trabalho	workwear	[wɜːkweə(r)]
fato-macaco (m)	boiler suit	[ˈbɔɪlə suːt]
bata (~ branca, etc.)	coat	[kəʊt]

28. Vestuário. Roupa interior

roupa (f) interior	underwear	['ʌndəweə(r)]
camisola (f) interior	vest	[vest]
peúgas (f pl)	socks	[sɒks]
camisa (f) de noite	nightdress	['naɪtdres]
sutiã (m)	bra	[brɑː]
meias longas (f pl)	knee highs	['niː ˌhaɪs]
meia-calça (f)	tights	[taɪts]
meias (f pl)	stockings	['stɒkɪŋz]
fato (m) de banho	swimsuit, bikini	['swɪmsuːt], [bɪ'kiːnɪ]

29. Adereços de cabeça

chapéu (m)	hat	[hæt]
chapéu (m) de feltro	trilby hat	['trɪlbɪ hæt]
boné (m) de beisebol	baseball cap	['beɪsbɔːl kæp]
boné (m)	flatcap	[flæt kæp]
boina (f)	beret	['bereɪ]
capuz (m)	hood	[hʊd]
panamá (m)	panama	['pænəmɑː]
gorro (m) de malha	knit cap, knitted hat	[nɪt kæp], ['nɪtɪdˌhæt]
lenço (m)	headscarf	['hedskɑːf]
chapéu (m) de mulher	women's hat	['wɪmɪns hæt]
capacete (m) de proteção	hard hat	[hɑːd hæt]
bibico (m)	forage cap	['fɒrɪdʒ kæp]
capacete (m)	helmet	['helmɪt]
chapéu-coco (m)	bowler	['bəʊlə(r)]
chapéu (m) alto	top hat	[tɒp hæt]

30. Calçado

calçado (m)	footwear	['fʊtweə(r)]
botinas (f pl)	shoes	[ʃuːz]
sapatos (de salto alto, etc.)	shoes	[ʃuːz]
botas (f pl)	boots	[buːts]
pantufas (f pl)	slippers	['slɪpəz]
ténis (m pl)	trainers	['treɪnəz]
sapatilhas (f pl)	trainers	['treɪnəz]
sandálias (f pl)	sandals	['sændəlz]
sapateiro (m)	cobbler, shoe repairer	['kɒblə(r)], [ʃuː rɪ'peərə(r)]
salto (m)	heel	[hiːl]
par (m)	pair	[peə(r)]
atacador (m)	shoelace	['ʃuːleɪs]

apertar os atacadores	to lace up (vt)	[tə leɪs ʌp]
calçadeira (f)	shoehorn	['ʃuːhɔːn]
graxa (f) para calçado	shoe polish	[ʃuː 'pɒlɪʃ]

31. Acessórios pessoais

luvas (f pl)	gloves	[glʌvz]
mitenes (f pl)	mittens	['mɪtənz]
cachecol (m)	scarf	[skɑːf]
óculos (m pl)	glasses	[glɑːsɪz]
armação (f) de óculos	frame	[freɪm]
guarda-chuva (m)	umbrella	[ʌm'brelə]
bengala (f)	walking stick	['wɔːkɪŋ stɪk]
escova (f) para o cabelo	hairbrush	['heəbrʌʃ]
leque (m)	fan	[fæn]
gravata (f)	tie	[taɪ]
gravata-borboleta (f)	bow tie	[bəʊ taɪ]
suspensórios (m pl)	braces	['breɪsɪz]
lenço (m)	handkerchief	['hæŋkətʃɪf]
pente (m)	comb	[kəʊm]
travessão (m)	hair slide	['heə‚slaɪd]
gancho (m) de cabelo	hairpin	['heəpɪn]
fivela (f)	buckle	['bʌkəl]
cinto (m)	belt	[belt]
correia (f)	shoulder strap	['ʃəʊldə stræp]
mala (f)	bag	[bæg]
mala (f) de senhora	handbag	['hændbæg]
mochila (f)	rucksack	['rʌksæk]

32. Vestuário. Diversos

moda (f)	fashion	['fæʃən]
na moda	in vogue	[ɪn vəʊg]
estilista (m)	fashion designer	['fæʃən dɪ'zaɪnə(r)]
colarinho (m), gola (f)	collar	['kɒlə(r)]
bolso (m)	pocket	['pɒkɪt]
de bolso	pocket	['pɒkɪt]
manga (f)	sleeve	[sliːv]
alcinha (f)	hanging loop	['hæŋɪŋ luːp]
braguilha (f)	flies	[flaɪz]
fecho (m) de correr	zip	[zɪp]
fecho (m), colchete (m)	fastener	['fɑːsənə(r)]
botão (m)	button	['bʌtən]
casa (f) de botão	buttonhole	['bʌtənhəʊl]
soltar-se (vr)	to come off	[tə kʌm ɒf]

coser, costurar (vi)	to sew (vi, vt)	[tə səʊ]
bordar (vt)	to embroider (vi, vt)	[tə ɪmˈbrɔɪdə(r)]
bordado (m)	embroidery	[ɪmˈbrɔɪdərɪ]
agulha (f)	sewing needle	[ˈniːdəl]
fio (m)	thread	[θred]
costura (f)	seam	[siːm]
sujar-se (vr)	to get dirty (vi)	[tə get ˈdɜːtɪ]
mancha (f)	stain	[steɪn]
engelhar-se (vr)	to crease, crumple (vi)	[tə kriːs], [ˈkrʌmpəl]
rasgar (vt)	to tear, to rip (vt)	[tə teər], [tə rɪp]
traça (f)	clothes moth	[kləʊðz mɒθ]

33. Cuidados pessoais. Cosméticos

pasta (f) de dentes	toothpaste	[ˈtuːθpeɪst]
escova (f) de dentes	toothbrush	[ˈtuːθbrʌʃ]
escovar os dentes	to clean one's teeth	[tə kliːn wʌns ˈtiːθ]
máquina (f) de barbear	razor	[ˈreɪzə(r)]
creme (m) de barbear	shaving cream	[ˈʃeɪvɪŋ ˌkriːm]
barbear-se (vr)	to shave (vi)	[tə ʃeɪv]
sabonete (m)	soap	[səʊp]
champô (m)	shampoo	[ʃæmˈpuː]
tesoura (f)	scissors	[ˈsɪzəz]
lima (f) de unhas	nail file	[ˈneɪl ˌfaɪl]
corta-unhas (m)	nail clippers	[neɪl ˈklɪpərz]
pinça (f)	tweezers	[ˈtwiːzəz]
cosméticos (m pl)	cosmetics	[kɒzˈmetɪks]
máscara (f) facial	face mask	[feɪs mɑːsk]
manicura (f)	manicure	[ˈmænɪˌkjʊə(r)]
fazer a manicura	to have a manicure	[tə hævə ˈmænɪˌkjʊə]
pedicure (f)	pedicure	[ˈpedɪˌkjʊə(r)]
mala (f) de maquilhagem	make-up bag	[ˈmeɪk ʌp ˌbæg]
pó (m)	face powder	[feɪs ˈpaʊdə(r)]
caixa (f) de pó	powder compact	[ˈpaʊdə ˈkɒmpækt]
blush (m)	blusher	[ˈblʌʃə(r)]
perfume (m)	perfume	[ˈpɜːfjuːm]
água (f) de toilette	toilet water	[ˈtɔɪlɪt ˈwɔːtə(r)]
loção (f)	lotion	[ˈləʊʃən]
água-de-colónia (f)	cologne	[kəˈləʊn]
sombra (f) de olhos	eyeshadow	[ˈaɪʃædəʊ]
lápis (m) delineador	eyeliner	[ˈaɪˌlaɪnə(r)]
máscara (f), rímel (m)	mascara	[mæsˈkɑːrə]
batom (m)	lipstick	[ˈlɪpstɪk]
verniz (m) de unhas	nail polish	[ˈneɪl ˌpɒlɪʃ]
laca (f) para cabelos	hair spray	[ˈheəspreɪ]

desodorizante (m)	deodorant	[diːˈəʊdərənt]
creme (m)	cream	[kriːm]
creme (m) de rosto	face cream	[ˈfeɪs ˌkriːm]
creme (m) de mãos	hand cream	[ˈhændˌkriːm]
creme (m) antirrugas	anti-wrinkle cream	[ˈæntɪ ˈrɪŋkəl kriːm]
creme (m) de dia	day cream	[ˈdeɪ ˌkriːm]
creme (m) de noite	night cream	[ˈnaɪt ˌkriːm]
tampão (m)	tampon	[ˈtæmpɒn]
papel (m) higiénico	toilet paper	[ˈtɔɪlɪt ˈpeɪpə(r)]
secador (m) elétrico	hair dryer	[ˈheəˌdraɪə(r)]

34. Relógios de pulso. Relógios

relógio (m) de pulso	watch	[wɒtʃ]
mostrador (m)	dial	[ˈdaɪəl]
ponteiro (m)	hand	[hænd]
bracelete (f) em aço	bracelet	[ˈbreɪslɪt]
bracelete (f) em couro	watch strap	[wɒtʃ stræp]

pilha (f)	battery	[ˈbætərɪ]
descarregar-se	to be flat	[tə bi flæt]
trocar a pilha	to change a battery	[tə tʃeɪndʒ ə ˈbætərɪ]
estar adiantado	to run fast	[tə rʌn fɑːst]
estar atrasado	to run slow	[tə rʌn sləʊ]

relógio (m) de parede	wall clock	[ˈwɔːl ˌklɒk]
ampulheta (f)	hourglass	[ˈaʊəɡlɑːs]
relógio (m) de sol	sundial	[ˈsʌndaɪəl]
despertador (m)	alarm clock	[əˈlɑːm klɒk]
relojoeiro (m)	watchmaker	[ˈwɒtʃˌmeɪkə(r)]
reparar (vt)	to repair (vt)	[tə rɪˈpeə(r)]

Alimentação. Nutrição

35. Comida

Português	Inglês	Pronúncia
carne (f)	meat	[mi:t]
galinha (f)	chicken	['tʃɪkɪn]
frango (m)	poussin	['pu:sæn]
pato (m)	duck	[dʌk]
ganso (m)	goose	[gu:s]
caça (f)	game	[geɪm]
peru (m)	turkey	['tɜ:kɪ]
carne (f) de porco	pork	[pɔ:k]
carne (f) de vitela	veal	[vi:l]
carne (f) de carneiro	lamb	[læm]
carne (f) de vaca	beef	[bi:f]
carne (f) de coelho	rabbit	['ræbɪt]
chouriço, salsichão (m)	sausage	['sɒsɪdʒ]
salsicha (f)	vienna sausage	[vɪ'enə 'sɒsɪdʒ]
bacon (m)	bacon	['beɪkən]
fiambre (f)	ham	[hæm]
presunto (m)	gammon	['gæmən]
patê (m)	pâté	['pæteɪ]
fígado (m)	liver	['lɪvə(r)]
carne (f) moída	mince	[mɪns]
língua (f)	tongue	[tʌŋ]
ovo (m)	egg	[eg]
ovos (m pl)	eggs	[egz]
clara (f) do ovo	egg white	['eg ˌwaɪt]
gema (f) do ovo	egg yolk	['eg ˌjəʊk]
peixe (m)	fish	[fɪʃ]
mariscos (m pl)	seafood	['si:fu:d]
crustáceos (m pl)	crustaceans	[krʌ'steɪʃənz]
caviar (m)	caviar	['kævɪɑ:(r)]
caranguejo (m)	crab	[kræb]
camarão (m)	prawn	[prɔ:n]
ostra (f)	oyster	['ɔɪstə(r)]
lagosta (f)	spiny lobster	['spaɪnɪ 'lɒbstə(r)]
polvo (m)	octopus	['ɒktəpəs]
lula (f)	squid	[skwɪd]
esturjão (m)	sturgeon	['stɜ:dʒən]
salmão (m)	salmon	['sæmən]
halibute (m)	halibut	['hælɪbət]
bacalhau (m)	cod	[kɒd]

cavala, sarda (f)	mackerel	['mækərəl]
atum (m)	tuna	['tju:nə]
enguia (f)	eel	[i:l]
truta (f)	trout	[traʊt]
sardinha (f)	sardine	[sɑ:'di:n]
lúcio (m)	pike	[paɪk]
arenque (m)	herring	['herɪŋ]
pão (m)	bread	[bred]
queijo (m)	cheese	[tʃi:z]
açúcar (m)	sugar	['ʃʊgə(r)]
sal (m)	salt	[sɔ:lt]
arroz (m)	rice	[raɪs]
massas (f pl)	pasta	['pæstə]
talharim (m)	noodles	['nu:dəlz]
manteiga (f)	butter	['bʌtə(r)]
óleo (m) vegetal	vegetable oil	['vedʒtəbəl ɔɪl]
óleo (m) de girassol	sunflower oil	['sʌn,flaʊə ɔɪl]
margarina (f)	margarine	[,mɑ:dʒə'ri:n]
azeitonas (f pl)	olives	['ɒlɪvz]
azeite (m)	olive oil	['ɒlɪv ,ɔɪl]
leite (m)	milk	[mɪlk]
leite (m) condensado	condensed milk	[kən'denst mɪlk]
iogurte (m)	yogurt	['jəʊgərt]
nata (f) azeda	soured cream	['saʊəd ,kri:m]
nata (f) do leite	cream	[kri:m]
maionese (f)	mayonnaise	[,meɪə'neɪz]
creme (m)	buttercream	['bʌtə,kri:m]
grãos (m pl) de cereais	groats	[grəʊts]
farinha (f)	flour	['flaʊə(r)]
enlatados (m pl)	tinned food	['tɪnd fu:d]
flocos (m pl) de milho	cornflakes	['kɔ:nfleɪks]
mel (m)	honey	['hʌnɪ]
doce (m)	jam	[dʒæm]
pastilha (f) elástica	chewing gum	['tʃu:ɪŋ ,gʌm]

36. Bebidas

água (f)	water	['wɔ:tə(r)]
água (f) potável	drinking water	['drɪŋkɪŋ ,wɔ:tə(r)]
água (f) mineral	mineral water	['mɪnərəl 'wɔ:tə(r)]
sem gás	still	[stɪl]
gaseificada	carbonated	['kɑ:bəneɪtɪd]
com gás	sparkling	['spɑ:klɪŋ]
gelo (m)	ice	[aɪs]

com gelo	with ice	[wɪð aɪs]
sem álcool	non-alcoholic	[nɒn ˌælkə'hɒlɪk]
bebida (f) sem álcool	soft drink	[sɒft drɪŋk]
refresco (m)	refreshing drink	[rɪ'freʃɪŋ drɪŋk]
limonada (f)	lemonade	[ˌlemə'neɪd]
bebidas (f pl) alcoólicas	spirits	['spɪrɪts]
vinho (m)	wine	[waɪn]
vinho (m) branco	white wine	['waɪt ˌwaɪn]
vinho (m) tinto	red wine	['red ˌwaɪn]
licor (m)	liqueur	[lɪ'kjʊə(r)]
champanhe (m)	champagne	[ʃæm'peɪn]
vermute (m)	vermouth	[vɜː'muːθ]
uísque (m)	whisky	['wɪskɪ]
vodka (f)	vodka	['vɒdkə]
gim (m)	gin	[dʒɪn]
conhaque (m)	cognac	['kɒnjæk]
rum (m)	rum	[rʌm]
café (m)	coffee	['kɒfɪ]
café (m) puro	black coffee	[blæk 'kɒfɪ]
café (m) com leite	white coffee	[waɪt 'kɒfɪ]
cappuccino (m)	cappuccino	[ˌkæpʊ'tʃiːnəʊ]
café (m) solúvel	instant coffee	['ɪnstənt 'kɒfɪ]
leite (m)	milk	[mɪlk]
coquetel (m)	cocktail	['kɒkteɪl]
batido (m) de leite	milkshake	['mɪlk ʃeɪk]
sumo (m)	juice	[dʒuːs]
sumo (m) de tomate	tomato juice	[tə'mɑːtəʊ dʒuːs]
sumo (m) de laranja	orange juice	['ɒrɪndʒ ˌdʒuːs]
sumo (m) fresco	freshly squeezed juice	['freʃlɪ skwiːzd dʒuːs]
cerveja (f)	beer	[bɪə(r)]
cerveja (f) clara	lager	['lɑːgə(r)]
cerveja (f) preta	bitter	['bɪtə(r)]
chá (m)	tea	[tiː]
chá (m) preto	black tea	[blæk tiː]
chá (m) verde	green tea	['griːn ˌtiː]

37. Vegetais

legumes (m pl)	vegetables	['vedʒtəbəlz]
verduras (f pl)	greens	[griːnz]
tomate (m)	tomato	[tə'mɑːtəʊ]
pepino (m)	cucumber	['kjuːkʌmbə(r)]
cenoura (f)	carrot	['kærət]
batata (f)	potato	[pə'teɪtəʊ]
cebola (f)	onion	['ʌnjən]

alho (m)	garlic	['gɑːlɪk]
couve (f)	cabbage	['kæbɪdʒ]
couve-flor (f)	cauliflower	['kɒlɪˌflaʊə(r)]
couve-de-bruxelas (f)	**Brussels sprouts**	['brʌsəlz ˌspraʊts]
brócolos (m pl)	broccoli	['brɒkəlɪ]
beterraba (f)	beetroot	['biːtruːt]
beringela (f)	aubergine	['əʊbəʒiːn]
curgete (f)	courgette	[kɔːˈʒet]
abóbora (f)	pumpkin	['pʌmpkɪn]
nabo (m)	turnip	['tɜːnɪp]
salsa (f)	parsley	['pɑːslɪ]
funcho, endro (m)	dill	[dɪl]
alface (f)	lettuce	['letɪs]
aipo (m)	celery	['selərɪ]
espargo (m)	asparagus	[əˈspærəgəs]
espinafre (m)	spinach	['spɪnɪdʒ]
ervilha (f)	pea	[piː]
fava (f)	beans	[biːnz]
milho (m)	maize	[meɪz]
feijão (m)	kidney bean	['kɪdnɪ biːn]
pimentão (m)	sweet paper	[swiːt 'pepə(r)]
rabanete (m)	radish	['rædɪʃ]
alcachofra (f)	artichoke	['ɑːtɪtʃəʊk]

38. Frutos. Nozes

fruta (f)	fruit	[fruːt]
maçã (f)	apple	['æpəl]
pera (f)	pear	[peə(r)]
limão (m)	lemon	['lemən]
laranja (f)	orange	['ɒrɪndʒ]
morango (m)	strawberry	['strɔːbərɪ]
tangerina (f)	tangerine	[ˌtændʒəˈriːn]
ameixa (f)	plum	[plʌm]
pêssego (m)	peach	[piːtʃ]
damasco (m)	apricot	['eɪprɪkɒt]
framboesa (f)	raspberry	['rɑːzbərɪ]
ananás (m)	pineapple	['paɪnˌæpəl]
banana (f)	banana	[bəˈnɑːnə]
melancia (f)	watermelon	['wɔːtəˌmelən]
uva (f)	grape	[greɪp]
ginja (f)	sour cherry	['saʊə 'tʃerɪ]
cereja (f)	sweet cherry	[swiːt 'tʃerɪ]
meloa (f)	melon	['melən]
toranja (f)	grapefruit	['greɪpfruːt]
abacate (m)	avocado	[ˌævəˈkɑːdəʊ]
papaia (f)	papaya	[pəˈpaɪə]

manga (f)	mango	['mæŋgəʊ]
romã (f)	pomegranate	['pɒmɪˌgrænɪt]
groselha (f) vermelha	redcurrant	['redkʌrənt]
groselha (f) preta	blackcurrant	[ˌblæk'kʌrənt]
groselha (f) espinhosa	gooseberry	['gʊzbərɪ]
mirtilo (m)	bilberry	['bɪlbərɪ]
amora silvestre (f)	blackberry	['blækbərɪ]
uvas (f pl) passas	raisin	['reɪzən]
figo (m)	fig	[fɪg]
tâmara (f)	date	[deɪt]
amendoim (m)	peanut	['piːnʌt]
amêndoa (f)	almond	['ɑːmənd]
noz (f)	walnut	['wɔːlnʌt]
avelã (f)	hazelnut	['heɪzəlnʌt]
coco (m)	coconut	['kəʊkənʌt]
pistáchios (m pl)	pistachios	[pɪ'stɑːʃiəʊs]

39. Pão. Bolaria

pastelaria (f)	confectionery	[kən'fekʃənərɪ]
pão (m)	bread	[bred]
bolacha (f)	biscuits	['bɪskɪts]
chocolate (m)	chocolate	['tʃɒkələt]
de chocolate	chocolate	['tʃɒkələt]
rebuçado (m)	sweet	[swiːt]
bolo (cupcake, etc.)	cake	[keɪk]
bolo (m) de aniversário	cake	[keɪk]
tarte (~ de maçã)	pie	[paɪ]
recheio (m)	filling	['fɪlɪŋ]
doce (m)	jam	[dʒæm]
geleia (f) de frutas	marmalade	['mɑːməleɪd]
waffle (m)	wafers	['weɪfəz]
gelado (m)	ice-cream	[aɪs kriːm]
pudim (m)	pudding	['pʊdɪŋ]

40. Pratos cozinhados

prato (m)	course, dish	[kɔːs], [dɪʃ]
cozinha (~ portuguesa)	cuisine	[kwɪ'ziːn]
receita (f)	recipe	['resɪpɪ]
porção (f)	portion	['pɔːʃən]
salada (f)	salad	['sæləd]
sopa (f)	soup	[suːp]
caldo (m)	clear soup	[ˌklɪə 'suːp]
sandes (f)	sandwich	['sænwɪdʒ]

ovos (m pl) estrelados	fried eggs	['fraɪd ˌegz]
hambúrguer (m)	hamburger	['hæmbɜːgə(r)]
bife (m)	steak	[steɪk]

conduto (m)	side dish	[saɪd dɪʃ]
espaguete (m)	spaghetti	[spə'getɪ]
puré (m) de batata	mash	[mæʃ]
pizza (f)	pizza	['piːtsə]
papa (f)	porridge	['pɒrɪdʒ]
omelete (f)	omelette	['ɒmlɪt]

cozido em água	boiled	['bɔɪld]
fumado	smoked	[sməʊkt]
frito	fried	[fraɪd]
seco	dried	[draɪd]
congelado	frozen	['frəʊzən]
em conserva	pickled	['pɪkəld]

doce (açucarado)	sweet	[swiːt]
salgado	salty	['sɔːltɪ]
frio	cold	[kəʊld]
quente	hot	[hɒt]
amargo	bitter	['bɪtə(r)]
gostoso	tasty	['teɪstɪ]

cozinhar (em água a ferver)	to cook in boiling water	[tə kʊk in 'bɔɪlɪŋ 'wɔːtə]
fazer, preparar (vt)	to cook (vt)	[tə kʊk]
fritar (vt)	to fry (vt)	[tə fraɪ]
aquecer (vt)	to heat up	[tə hiːt ʌp]

salgar (vt)	to salt (vt)	[tə sɔːlt]
apimentar (vt)	to pepper (vt)	[tə 'pepə(r)]
ralar (vt)	to grate (vt)	[tə greɪt]
casca (f)	peel	[piːl]
descascar (vt)	to peel (vt)	[tə piːl]

41. Especiarias

sal (m)	salt	[sɔːlt]
salgado	salty	['sɔːltɪ]
salgar (vt)	to salt (vt)	[tə sɔːlt]

pimenta (f) preta	black pepper	[blæk 'pepə(r)]
pimenta (f) vermelha	red pepper	[red 'pepə(r)]
mostarda (f)	mustard	['mʌstəd]
raiz-forte (f)	horseradish	['hɔːsˌrædɪʃ]

condimento (m)	condiment	['kɒndɪmənt]
especiaria (f)	spice	[spaɪs]
molho (m)	sauce	[sɔːs]
vinagre (m)	vinegar	['vɪnɪgə(r)]

anis (m)	anise	['ænɪs]
manjericão (m)	basil	['bæzəl]

cravo (m)	cloves	[kləʊvz]
gengibre (m)	ginger	['dʒɪndʒə(r)]
coentro (m)	coriander	[ˌkɒrɪ'ændə(r)]
canela (f)	cinnamon	['sɪnəmən]
sésamo (m)	sesame	['sesəmɪ]
folhas (f pl) de louro	bay leaf	[beɪ liːf]
páprica (f)	paprika	['pæprɪkə]
cominho (m)	caraway	['kærəweɪ]
açafrão (m)	saffron	['sæfrən]

42. Refeições

comida (f)	food	[fuːd]
comer (vt)	to eat (vi, vt)	[tə iːt]
pequeno-almoço (m)	breakfast	['brekfəst]
tomar o pequeno-almoço	to have breakfast	[tə hæv 'brekfəst]
almoço (m)	lunch	[lʌntʃ]
almoçar (vi)	to have lunch	[tə hæv lʌntʃ]
jantar (m)	dinner	['dɪnə(r)]
jantar (vi)	to have dinner	[tə hæv 'dɪnə(r)]
apetite (m)	appetite	['æpɪtaɪt]
Bom apetite!	Enjoy your meal!	[ɪn'dʒɔɪ jɔː ˌmiːl]
abrir (~ uma lata, etc.)	to open (vt)	[tə 'əʊpən]
derramar (vt)	to spill (vt)	[tə spɪl]
derramar-se (vr)	to spill out (vi)	[tə spɪl aʊt]
ferver (vi)	to boil (vi)	[tə bɔɪl]
ferver (vt)	to boil (vt)	[tə bɔɪl]
fervido	boiled	['bɔɪld]
arrefecer (vt)	to chill, cool down (vt)	[tə tʃɪl], [kuːl daʊn]
arrefecer-se (vr)	to chill (vi)	[tə tʃɪl]
sabor, gosto (m)	taste, flavour	[teɪst], ['fleɪvə(r)]
gostinho (m)	aftertaste	['ɑːftəteɪst]
fazer dieta	to slim down	[tə slɪm daʊn]
dieta (f)	diet	['daɪət]
vitamina (f)	vitamin	['vɪtəmɪn]
caloria (f)	calorie	['kælərɪ]
vegetariano (m)	vegetarian	[ˌvedʒɪ'teərɪən]
vegetariano	vegetarian	[ˌvedʒɪ'teərɪən]
gorduras (f pl)	fats	[fæts]
proteínas (f pl)	proteins	['prəʊtiːnz]
carboidratos (m pl)	carbohydrates	[ˌkɑːbəʊ'haɪdreɪts]
fatia (~ de limão, etc.)	slice	[slaɪs]
pedaço (~ de bolo)	piece	[piːs]
migalha (f)	crumb	[krʌm]

43. Por a mesa

colher (f)	spoon	[spuːn]
faca (f)	knife	[naɪf]
garfo (m)	fork	[fɔːk]
chávena (f)	cup	[kʌp]
prato (m)	plate	[pleɪt]
pires (m)	saucer	[ˈsɔːsə(r)]
guardanapo (m)	serviette	[ˌsɜːvɪˈet]
palito (m)	toothpick	[ˈtuːθpɪk]

44. Restaurante

restaurante (m)	restaurant	[ˈrestrɒnt]
café (m)	coffee bar	[ˈkɒfɪ bɑː(r)]
bar (m), cervejaria (f)	pub	[pʌb]
salão (m) de chá	tearoom	[ˈtiːrʊm]
empregado (m) de mesa	waiter	[ˈweɪtə(r)]
empregada (f) de mesa	waitress	[ˈweɪtrɪs]
barman (m)	barman	[ˈbɑːmən]
ementa (f)	menu	[ˈmenjuː]
lista (f) de vinhos	wine list	[ˈwaɪn lɪst]
reservar uma mesa	to book a table	[tə bʊk ə ˈteɪbəl]
prato (m)	course, dish	[kɔːs], [dɪʃ]
pedir (vt)	to order (vi, vt)	[tə ˈɔːdə(r)]
fazer o pedido	to make an order	[tə meɪk ən ˈɔːdə(r)]
aperitivo (m)	aperitif	[əperəˈtiːf]
entrada (f)	starter	[ˈstɑːtə(r)]
sobremesa (f)	dessert, pudding	[dɪˈzɜːt], [ˈpʊdɪŋ]
conta (f)	bill	[bɪl]
pagar a conta	to pay the bill	[tə peɪ ðə bɪl]
dar o troco	to give change	[tə gɪv ˈtʃeɪndʒ]
gorjeta (f)	tip	[tɪp]

Família, parentes e amigos

45. Informação pessoal. Formulários

nome (m)	name, first name	[neɪm], [ˈfɜːstˌneɪm]
apelido (m)	surname, last name	[ˈsɜːneɪm], [lɑːst neɪm]
data (f) de nascimento	date of birth	[deɪt əv bɜːθ]
local (m) de nascimento	place of birth	[ˌpleɪs əv ˈbɜːθ]
nacionalidade (f)	nationality	[ˌnæʃəˈnælətɪ]
lugar (m) de residência	place of residence	[ˌpleɪs əv ˈrezɪdəns]
país (m)	country	[ˈkʌntrɪ]
profissão (f)	profession	[prəˈfeʃən]
sexo (m)	gender, sex	[ˈdʒendə(r)], [seks]
estatura (f)	height	[haɪt]
peso (m)	weight	[weɪt]

46. Membros da família. Parentes

mãe (f)	mother	[ˈmʌðə(r)]
pai (m)	father	[ˈfɑːðə(r)]
filho (m)	son	[sʌn]
filha (f)	daughter	[ˈdɔːtə(r)]
filha (f) mais nova	younger daughter	[ˌjʌŋgə ˈdɔːtə(r)]
filho (m) mais novo	younger son	[ˌjʌŋgə ˈsʌn]
filha (f) mais velha	eldest daughter	[ˈeldɪst ˈdɔːtə(r)]
filho (m) mais velho	eldest son	[ˈeldɪst sʌn]
irmão (m)	brother	[ˈbrʌðə(r)]
irmã (f)	sister	[ˈsɪstə(r)]
primo (m)	cousin	[ˈkʌzən]
prima (f)	cousin	[ˈkʌzən]
mamã (f)	mummy	[ˈmʌmɪ]
papá (m)	dad, daddy	[dæd], [ˈdædɪ]
pais (pl)	parents	[ˈpeərənts]
criança (f)	child	[ʧaɪld]
crianças (f pl)	children	[ˈʧɪldrən]
avó (f)	grandmother	[ˈgrænˌmʌðə(r)]
avô (m)	grandfather	[ˈgrændˌfɑːðə(r)]
neto (m)	grandson	[ˈgrænsʌn]
neta (f)	granddaughter	[ˈgrænˌdɔːtə(r)]
netos (pl)	grandchildren	[ˈgrænˌʧɪldrən]
tio (m)	uncle	[ˈʌŋkəl]
tia (f)	aunt	[ɑːnt]

sobrinho (m)	nephew	['nefjuː]
sobrinha (f)	niece	[niːs]

sogra (f)	mother-in-law	['mʌðər ɪn 'lɔː]
sogro (m)	father-in-law	['fɑːðə ɪn ˌlɔː]
genro (m)	son-in-law	['sʌn ɪn ˌlɔː]
madrasta (f)	stepmother	['stepˌmʌðə(r)]
padrasto (m)	stepfather	['stepˌfɑːðə(r)]

criança (f) de colo	infant	['ɪnfənt]
bebé (m)	baby	['beɪbɪ]
menino (m)	little boy	['lɪtəl ˌbɔɪ]

mulher (f)	wife	[waɪf]
marido (m)	husband	['hʌzbənd]

casado	married	['mærɪd]
casada	married	['mærɪd]
solteiro	single	['sɪŋgəl]
solteirão (m)	bachelor	['bætʃələ(r)]
divorciado	divorced	[dɪ'vɔːst]
viúva (f)	widow	['wɪdəʊ]
viúvo (m)	widower	['wɪdəʊə(r)]

parente (m)	relative	['relətɪv]
parente (m) próximo	close relative	[ˌkləʊs 'relətɪv]
parente (m) distante	distant relative	['dɪstənt 'relətɪv]
parentes (m pl)	relatives	['relətɪvz]

órfão (m), órfã (f)	orphan	['ɔːfən]
tutor (m)	guardian	['gɑːdjən]
adotar (um filho)	to adopt (vt)	[tə ə'dɒpt]
adotar (uma filha)	to adopt (vt)	[tə ə'dɒpt]

Medicina

47. Doenças

doença (f)	illness	['ɪlnɪs]
estar doente	to be ill	[tə bi ɪl]
saúde (f)	health	[helθ]

nariz (m) a escorrer	runny nose	[ˌrʌnɪ 'nəʊz]
amigdalite (f)	tonsillitis	[ˌtɒnsɪ'laɪtɪs]
constipação (f)	cold	[kəʊld]
constipar-se (vr)	to catch a cold	[tə kætʃ ə 'kəʊld]

bronquite (f)	bronchitis	[brɒŋ'kaɪtɪs]
pneumonia (f)	pneumonia	[nju:'məʊnɪə]
gripe (f)	flu	[flu:]

míope	shortsighted	[ʃɔ:t 'saɪtɪd]
presbita	longsighted	[ˌlɒŋ'saɪtɪd]
estrabismo (m)	squint	[skwɪnt]
estrábico	squint-eyed	[skwɪnt aɪd]
catarata (f)	cataract	['kætərækt]
glaucoma (m)	glaucoma	[glɔ:'kəʊmə]

AVC (m), apoplexia (f)	stroke	[strəʊk]
ataque (m) cardíaco	heart attack	['hɑ:t əˌtæk]
enfarte (m) do miocárdio	myocardial infarction	[ˌmaɪəʊ'kɑ:dɪəl ɪn'fɑ:kʃən]
paralisia (f)	paralysis	[pə'rælɪsɪs]
paralisar (vt)	to paralyse (vt)	[tə 'pærəlaɪz]

alergia (f)	allergy	['ælədʒɪ]
asma (f)	asthma	['æsmə]
diabetes (f)	diabetes	[ˌdaɪə'bi:ti:z]

dor (f) de dentes	toothache	['tu:θeɪk]
cárie (f)	caries	['keəri:z]

diarreia (f)	diarrhoea	[ˌdaɪə'rɪə]
prisão (f) de ventre	constipation	[ˌkɒnstɪ'peɪʃən]
desarranjo (m) intestinal	stomach upset	['stʌmək 'ʌpset]
intoxicação (f) alimentar	food poisoning	[fu:d 'pɔɪzənɪŋ]

artrite (f)	arthritis	[ɑ:'θraɪtɪs]
raquitismo (m)	rickets	['rɪkɪts]
reumatismo (m)	rheumatism	['ru:mətɪzəm]
arteriosclerose (f)	atherosclerosis	[ˌæθərəʊsklɪ'rəʊsɪs]

gastrite (f)	gastritis	[gæs'traɪtɪs]
apendicite (f)	appendicitis	[əˌpendɪ'saɪtɪs]
colecistite (f)	cholecystitis	[ˌkɒlɪsɪs'taɪtɪs]

Português	English	IPA
úlcera (f)	ulcer	['ʌlsə(r)]
sarampo (m)	measles	['miːzəlz]
rubéola (f)	rubella	[ruːˈbelə]
itericia (f)	jaundice	[ˈdʒɔːndɪs]
hepatite (f)	hepatitis	[ˌhepəˈtaɪtɪs]
esquizofrenia (f)	schizophrenia	[ˌskɪtsəˈfriːnɪə]
raiva (f)	rabies	[ˈreɪbiːz]
neurose (f)	neurosis	[ˌnjʊəˈrəʊsɪs]
comoção (f) cerebral	concussion	[kənˈkʌʃən]
cancro (m)	cancer	[ˈkænsə(r)]
esclerose (f)	sclerosis	[skləˈrəʊsɪs]
esclerose (f) múltipla	multiple sclerosis	[ˈmʌltɪpəl skləˈrəʊsɪs]
alcoolismo (m)	alcoholism	[ˈælkəhɒlɪzəm]
alcoólico (m)	alcoholic	[ˌælkəˈhɒlɪk]
sífilis (f)	syphilis	[ˈsɪfɪlɪs]
SIDA (f)	AIDS	[eɪdz]
tumor (m)	tumour	[ˈtjuːmə(r)]
febre (f)	fever	[ˈfiːvə(r)]
malária (f)	malaria	[məˈleərɪə]
gangrena (f)	gangrene	[ˈgæŋgriːn]
enjoo (m)	seasickness	[ˈsiːsɪknɪs]
epilepsia (f)	epilepsy	[ˈepɪlepsɪ]
epidemia (f)	epidemic	[ˌepɪˈdemɪk]
tifo (m)	typhus	[ˈtaɪfəs]
tuberculose (f)	tuberculosis	[tjuːˌbɜːkjʊˈləʊsɪs]
cólera (f)	cholera	[ˈkɒlərə]
peste (f)	plague	[pleɪg]

48. Sintomas. Tratamentos. Parte 1

Português	English	IPA
sintoma (m)	symptom	[ˈsɪmptəm]
temperatura (f)	temperature	[ˈtemprətʃə(r)]
febre (f)	high temperature, fever	[haɪ ˈtemprətʃə(r)], [ˈfiːvə(r)]
pulso (m)	pulse, heartbeat	[pʌls], [ˈhɑːtbiːt]
vertigem (f)	dizziness	[ˈdɪzɪnɪs]
quente (testa, etc.)	hot	[hɒt]
calafrio (m)	shivering	[ˈʃɪvərɪŋ]
pálido	pale	[peɪl]
tosse (f)	cough	[kɒf]
tossir (vi)	to cough (vi)	[tə kɒf]
espirrar (vi)	to sneeze (vi)	[tə sniːz]
desmaio (m)	faint	[feɪnt]
desmaiar (vi)	to faint (vi)	[tə feɪnt]
nódoa (f) negra	bruise	[bruːz]
galo (m)	bump	[bʌmp]
magoar-se (vr)	to bang (vi)	[tə bæŋ]

| pisadura (f) | bruise | [bruːz] |
| aleijar-se (vr) | to get a bruise | [tə get ə bruːz] |

coxear (vi)	to limp (vi)	[tə lɪmp]
deslocação (f)	dislocation	[ˌdɪsləˈkeɪʃən]
deslocar (vt)	to dislocate (vt)	[tə ˈdɪsləkeɪt]
fratura (f)	fracture	[ˈfræktʃə(r)]
fraturar (vt)	to have a fracture	[tə hæv ə ˈfræktʃə(r)]

corte (m)	cut	[kʌt]
cortar-se (vr)	to cut oneself	[tə kʌt wʌnˈself]
hemorragia (f)	bleeding	[ˈbliːdɪŋ]

| queimadura (f) | burn | [bɜːn] |
| queimar-se (vr) | to get burned | [tə get ˈbɜːnd] |

picar (vt)	to prick (vt)	[tə prɪk]
picar-se (vr)	to prick oneself	[tə prɪk wʌnˈself]
lesionar (vt)	to injure (vt)	[tə ˈɪndʒə(r)]
lesão (m)	injury	[ˈɪndʒəri]
ferida (f), ferimento (m)	wound	[wuːnd]
trauma (m)	trauma	[ˈtrɔːmə]

delirar (vi)	to be delirious	[tə bi dɪˈlɪriəs]
gaguejar (vi)	to stutter (vi)	[tə ˈstʌtə(r)]
insolação (f)	sunstroke	[ˈsʌnstrəʊk]

49. Sintomas. Tratamentos. Parte 2

| dor (f) | pain, ache | [peɪn], [eɪk] |
| farpa (no dedo) | splinter | [ˈsplɪntə(r)] |

suor (m)	sweat	[swet]
suar (vi)	to sweat (vi)	[tə swet]
vómito (m)	vomiting	[ˈvɒmɪtɪŋ]
convulsões (f pl)	convulsions	[kənˈvʌlʃənz]

grávida	pregnant	[ˈpregnənt]
nascer (vi)	to be born	[tə bi bɔːn]
parto (m)	delivery, labour	[dɪˈlɪvəri], [ˈleɪbə(r)]
dar à luz	to deliver (vt)	[tə dɪˈlɪvə(r)]
aborto (m)	abortion	[əˈbɔːʃən]

respiração (f)	breathing, respiration	[ˈbriːðɪŋ], [ˌrespəˈreɪʃən]
inspiração (f)	in-breath, inhalation	[ˈɪnbreθ], [ˌɪnhəˈleɪʃən]
expiração (f)	out-breath, exhalation	[ˈaʊtbreθ], [ˌeksəˈleɪʃən]
expirar (vi)	to exhale (vi)	[tə eksˈheɪl]
inspirar (vi)	to inhale (vi)	[tə ɪnˈheɪl]

inválido (m)	disabled person	[dɪsˈeɪbəld ˈpɜːsən]
aleijado (m)	cripple	[ˈkrɪpəl]
toxicodependente (m)	drug addict	[ˈdrʌɡˌædɪkt]
surdo	deaf	[def]
mudo	mute	[mjuːt]

surdo-mudo	deaf mute	[def mjuːt]
louco (adj.)	mad, insane	[mæd], [ɪnˈseɪn]
louco (m)	madman	[ˈmædmən]
louca (f)	madwoman	[ˈmædˌwʊmən]
ficar louco	to go insane	[tə gəʊ ɪnˈseɪn]
gene (m)	gene	[dʒiːn]
imunidade (f)	immunity	[ɪˈmjuːnətɪ]
hereditário	hereditary	[hɪˈredɪtərɪ]
congénito	congenital	[kənˈdʒenɪtəl]
vírus (m)	virus	[ˈvaɪrəs]
micróbio (m)	microbe	[ˈmaɪkrəʊb]
bactéria (f)	bacterium	[bækˈtɪərɪəm]
infeção (f)	infection	[ɪnˈfekʃən]

50. Sintomas. Tratamentos. Parte 3

hospital (m)	hospital	[ˈhɒspɪtəl]
paciente (m)	patient	[ˈpeɪʃənt]
diagnóstico (m)	diagnosis	[ˌdaɪəgˈnəʊsɪs]
cura (f)	cure	[kjʊə]
tratamento (m) médico	treatment	[ˈtriːtmənt]
curar-se (vr)	to get treatment	[tə get ˈtriːtmənt]
tratar (vt)	to treat (vt)	[tə triːt]
cuidar (pessoa)	to nurse (vt)	[tə nɜːs]
cuidados (m pl)	care	[keə(r)]
operação (f)	operation, surgery	[ˌɒpəˈreɪʃən], [ˈsɜːdʒərɪ]
enfaixar (vt)	to bandage (vt)	[tə ˈbændɪdʒ]
enfaixamento (m)	bandaging	[ˈbændɪdʒɪŋ]
vacinação (f)	vaccination	[ˌvæksɪˈneɪʃən]
vacinar (vt)	to vaccinate (vt)	[tə ˈvæksɪneɪt]
injeção (f)	injection	[ɪnˈdʒekʃən]
dar uma injeção	to give an injection	[təˌgɪv ən ɪnˈdʒekʃən]
ataque (~ de asma, etc.)	attack	[əˈtæk]
amputação (f)	amputation	[ˌæmpjʊˈteɪʃən]
amputar (vt)	to amputate (vt)	[tə ˈæmpjʊteɪt]
coma (f)	coma	[ˈkəʊmə]
estar em coma	to be in a coma	[tə bi ɪn ə ˈkəʊmə]
reanimação (f)	intensive care	[ɪnˈtensɪv ˌkeə(r)]
recuperar-se (vr)	to recover (vi)	[tə rɪˈkʌvə(r)]
estado (~ de saúde)	condition	[kənˈdɪʃən]
consciência (f)	consciousness	[ˈkɒnʃəsnɪs]
memória (f)	memory	[ˈmemərɪ]
tirar (vt)	to pull out	[tə ˌpʊl ˈaʊt]
chumbo (m), obturação (f)	filling	[ˈfɪlɪŋ]
chumbar, obturar (vt)	to fill (vt)	[tə fɪl]
hipnose (f)	hypnosis	[hɪpˈnəʊsɪs]
hipnotizar (vt)	to hypnotize (vt)	[tə ˈhɪpnətaɪz]

51. Médicos

médico (m)	doctor	[ˈdɒktə(r)]
enfermeira (f)	nurse	[nɜːs]
médico (m) pessoal	personal doctor	[ˈpɜːsənəl ˈdɒktə(r)]
dentista (m)	dentist	[ˈdentɪst]
oculista (m)	eye doctor	[aɪ ˈdɒktə(r)]
terapeuta (m)	general practitioner	[ˈdʒenərəl prækˈtɪʃənə]
cirurgião (m)	surgeon	[ˈsɜːdʒən]
psiquiatra (m)	psychiatrist	[saɪˈkaɪətrɪst]
pediatra (m)	paediatrician	[ˌpiːdɪəˈtrɪʃən]
psicólogo (m)	psychologist	[saɪˈkɒlədʒɪst]
ginecologista (m)	gynaecologist	[ˌɡaɪnɪˈkɒlədʒɪst]
cardiologista (m)	cardiologist	[ˌkɑːdɪˈɒlədʒɪst]

52. Medicina. Drogas. Acessórios

medicamento (m)	medicine, drug	[ˈmedsɪn], [drʌg]
remédio (m)	remedy	[ˈremədɪ]
receitar (vt)	to prescribe (vt)	[tə prɪˈskraɪb]
receita (f)	prescription	[prɪˈskrɪpʃən]
comprimido (m)	tablet, pill	[ˈtæblɪt], [pɪl]
pomada (f)	ointment	[ˈɔɪntmənt]
ampola (f)	ampoule	[ˈæmpuːl]
preparado (m)	mixture	[ˈmɪkstʃə(r)]
xarope (m)	syrup	[ˈsɪrəp]
cápsula (f)	capsule	[ˈkæpsjuːl]
remédio (m) em pó	powder	[ˈpaʊdə(r)]
ligadura (f)	bandage	[ˈbændɪdʒ]
algodão (m)	cotton wool	[ˈkɒtən ˌwʊl]
iodo (m)	iodine	[ˈaɪədiːn]
penso (m) rápido	plaster	[ˈplɑːstə(r)]
conta-gotas (m)	eyedropper	[aɪ ˈdrɒpə(r)]
termómetro (m)	thermometer	[θəˈmɒmɪtə(r)]
seringa (f)	syringe	[sɪˈrɪndʒ]
cadeira (f) de rodas	wheelchair	[ˈwiːlˌtʃeə(r)]
muletas (f pl)	crutches	[krʌtʃɪz]
analgésico (m)	painkiller	[ˈpeɪnˌkɪlə(r)]
laxante (m)	laxative	[ˈlæksətɪv]
álcool (m) etílico	spirits (ethanol)	[ˈspɪrɪts], [ˈeθənɒl]
ervas (f pl) medicinais	medicinal herbs	[məˈdɪsɪnəl hɜːbz]
de ervas (chá ~)	herbal	[ˈhɜːbəl]

HABITAT HUMANO

Cidade

53. Cidade. Vida na cidade

cidade (f)	city, town	['sɪtɪ], [taʊn]
capital (f)	capital	['kæpɪtəl]
aldeia (f)	village	['vɪlɪdʒ]
mapa (m) da cidade	city map	['sɪtɪ ˌmæp]
centro (m) da cidade	city centre	['sɪtɪ ˌsentə(r)]
subúrbio (m)	suburb	['sʌbɜːb]
suburbano	suburban	[sə'bɜːbən]
periferia (f)	outskirts	['aʊtskɜːts]
arredores (m pl)	environs	[ɪn'vaɪərənz]
quarteirão (m)	city block	['sɪtɪ blɒk]
quarteirão (m) residencial	residential quarter	[ˌrezɪ'denʃəl 'kwɔːtə(r)]
tráfego (m)	traffic	['træfɪk]
semáforo (m)	traffic lights	['træfɪk laɪts]
transporte (m) público	public transport	['pʌblɪk 'trænspɔːt]
cruzamento (m)	crossroads	['krɒsrəʊdz]
passadeira (f)	zebra crossing	['zebrə ˌkrɒsɪŋ]
passagem (f) subterrânea	subway	['sʌbweɪ]
cruzar, atravessar (vt)	to cross (vt)	[tə krɒs]
peão (m)	pedestrian	[pɪ'destrɪən]
passeio (m)	pavement	['peɪvmənt]
ponte (f)	bridge	[brɪdʒ]
margem (f) do rio	embankment	[ɪm'bæŋkmənt]
alameda (f)	allée	[ale]
parque (m)	park	[pɑːk]
bulevar (m)	boulevard	['buːləvɑːd]
praça (f)	square	[skweə(r)]
avenida (f)	avenue	['ævənjuː]
rua (f)	street	[striːt]
travessa (f)	side street	[saɪd striːt]
beco (m) sem saída	dead end	[ˌded 'end]
casa (f)	house	[haʊs]
edifício, prédio (m)	building	['bɪldɪŋ]
arranha-céus (m)	skyscraper	['skaɪˌskreɪpə(r)]
fachada (f)	facade	[fə'sɑːd]
telhado (m)	roof	[ruːf]

janela (f)	window	['wɪndəʊ]
arco (m)	arch	[ɑːtʃ]
coluna (f)	column	['kɒləm]
esquina (f)	corner	['kɔːnə(r)]
montra (f)	shop window	[ʃɒp 'wɪndəʊ]
letreiro (m)	signboard	['saɪnbɔːd]
cartaz (m)	poster	['pəʊstə(r)]
cartaz (m) publicitário	advertising poster	['ædvətaɪzɪŋ 'pəʊstə(r)]
painel (m) publicitário	hoarding	['hɔːdɪŋ]
lixo (m)	rubbish	['rʌbɪʃ]
cesta (f) do lixo	rubbish bin	['rʌbɪʃ bɪn]
jogar lixo na rua	to litter (vi)	[tə 'lɪtə(r)]
aterro (m) sanitário	rubbish dump	['rʌbɪʃ dʌmp]
cabine (f) telefónica	phone box	['fəʊn ˌbɒks]
candeeiro (m) de rua	street light	['striːt laɪt]
banco (m)	bench	[bentʃ]
polícia (m)	police officer	[pə'liːs 'ɒfɪsə(r)]
polícia (instituição)	police	[pə'liːs]
mendigo (m)	beggar	['begə(r)]
sem-abrigo (m)	homeless	['həʊmlɪs]

54. Instituições urbanas

loja (f)	shop	[ʃɒp]
farmácia (f)	chemist	['kemɪst]
ótica (f)	optician	[ɒp'tɪʃən]
centro (m) comercial	shopping centre	['ʃɒpɪŋ 'sentə(r)]
supermercado (m)	supermarket	['suːpəˌmɑːkɪt]
padaria (f)	bakery	['beɪkərɪ]
padeiro (m)	baker	['beɪkə(r)]
pastelaria (f)	cake shop	[keɪk ʃɒp]
mercearia (f)	grocery shop	['grəʊsərɪ ʃɒp]
talho (m)	butcher shop	['bʊtʃəzʃɒp]
loja (f) de legumes	greengrocer	['griːnˌgrəʊsə]
mercado (m)	market	['mɑːkɪt]
café (m)	coffee bar	['kɒfɪ bɑː(r)]
restaurante (m)	restaurant	['restrɒnt]
bar (m), cervejaria (f)	pub, bar	[pʌb], [bɑː(r)]
pizzaria (f)	pizzeria	[ˌpiːtsə'rɪə]
salão (m) de cabeleireiro	hairdresser	['heəˌdresə(r)]
correios (m pl)	post office	[pəʊst 'ɒfɪs]
lavandaria (f)	dry cleaners	[ˌdraɪ 'kliːnəz]
estúdio (m) fotográfico	photo studio	['fəʊtəʊ 'stjuːdɪəʊ]
sapataria (f)	shoe shop	['ʃuː ʃɒp]
livraria (f)	bookshop	['bʊkʃɒp]

loja (f) de artigos de desporto	sports shop	['spɔːts ʃɒp]
reparação (f) de roupa	clothes repair shop	[kləʊðz rɪ'peə(r) ʃɒp]
aluguer (m) de roupa	formal wear hire	['fɔːməl weə 'haɪə(r)]
aluguer (m) de filmes	video rental shop	['vɪdɪəʊ 'rentəl stɔː]
circo (m)	circus	['sɜːkəs]
jardim (m) zoológico	zoo	[zuː]
cinema (m)	cinema	['sɪnəmə]
museu (m)	museum	[mjuːˈziːəm]
biblioteca (f)	library	['laɪbrərɪ]
teatro (m)	theatre	['θɪətə(r)]
ópera (f)	opera	['ɒpərə]
clube (m) noturno	nightclub	[naɪt klʌb]
casino (m)	casino	[kə'siːnəʊ]
mesquita (f)	mosque	[mɒsk]
sinagoga (f)	synagogue	['sɪnəgɒg]
catedral (f)	cathedral	[kə'θiːdrəl]
templo (m)	temple	['tempəl]
igreja (f)	church	[tʃɜːtʃ]
instituto (m)	college	['kɒlɪdʒ]
universidade (f)	university	[ˌjuːnɪ'vɜːsətɪ]
escola (f)	school	[skuːl]
prefeitura (f)	prefecture	['priːfekˌtjʊə(r)]
câmara (f) municipal	city hall	['sɪtɪ ˌhɔːl]
hotel (m)	hotel	[həʊ'tel]
banco (m)	bank	[bæŋk]
embaixada (f)	embassy	['embəsɪ]
agência (f) de viagens	travel agency	['trævəl 'eɪdʒənsɪ]
agência (f) de informações	information office	[ˌɪnfə'meɪʃən 'ɒfɪs]
casa (f) de câmbio	currency exchange	['kʌrənsɪ ɪks'tʃeɪndʒ]
metro (m)	underground, tube	['ʌndəgraʊnd], [tjuːb]
hospital (m)	hospital	['hɒspɪtəl]
posto (m) de gasolina	petrol station	['petrəl 'steɪʃən]
parque (m) de estacionamento	car park	[kɑː pɑːk]

55. Sinais

letreiro (m)	signboard	['saɪnbɔːd]
inscrição (f)	notice	['nəʊtɪs]
cartaz, póster (m)	poster	['pəʊstə(r)]
sinal (m) informativo	direction sign	[dɪ'rekʃən saɪn]
seta (f)	arrow	['ærəʊ]
aviso (advertência)	caution	['kɔːʃən]
sinal (m) de aviso	warning sign	['wɔːnɪŋ saɪn]
avisar, advertir (vt)	to warn (vt)	[tə wɔːn]
dia (m) de folga	rest day	[rest deɪ]

Portuguese	English	IPA
horário (m)	timetable	['taɪmˌteɪbəl]
horário (m) de funcionamento	opening hours	['əʊpənɪŋ ˌaʊəz]
BEM-VINDOS!	WELCOME!	['welkəm]
ENTRADA	ENTRANCE	['entrəns]
SAÍDA	WAY OUT	[ˌweɪ'aʊt]
EMPURRE	PUSH	[pʊʃ]
PUXE	PULL	[pʊl]
ABERTO	OPEN	['əʊpən]
FECHADO	CLOSED	[kləʊzd]
MULHER	WOMEN	['wɪmɪn]
HOMEM	MEN	['men]
DESCONTOS	DISCOUNTS	['dɪskaʊnts]
SALDOS	SALE	[seɪl]
NOVIDADE!	NEW!	[nju:]
GRÁTIS	FREE	[fri:]
ATENÇÃO!	ATTENTION!	[ə'tenʃən]
NÃO HÁ VAGAS	NO VACANCIES	[nəʊ 'veɪkənsɪz]
RESERVADO	RESERVED	[rɪ'zɜ:vd]
ADMINISTRAÇÃO	ADMINISTRATION	[ədˌmɪnɪ'streɪʃən]
SOMENTE PESSOAL AUTORIZADO	STAFF ONLY	[stɑ:f 'əʊnlɪ]
CUIDADO CÃO FEROZ	BEWARE OF THE DOG!	[bɪ'weə əv ðə ˌdɒg]
PROIBIDO FUMAR!	NO SMOKING	[nəʊ 'sməʊkɪŋ]
NÃO TOCAR	DO NOT TOUCH!	[ˌdəʊnt 'tʌtʃ]
PERIGOSO	DANGEROUS	['deɪndʒərəs]
PERIGO	DANGER	['deɪndʒə(r)]
ALTA TENSÃO	HIGH VOLTAGE	[haɪ 'vəʊltɪdʒ]
PROIBIDO NADAR	NO SWIMMING!	[nəʊ 'swɪmɪŋ]
AVARIADO	OUT OF ORDER	[ˌaʊt əv 'ɔ:də(r)]
INFLAMÁVEL	FLAMMABLE	['flæməbəl]
PROIBIDO	FORBIDDEN	[fə'bɪdən]
ENTRADA PROIBIDA	NO TRESPASSING!	[nəʊ 'trespəsɪŋ]
CUIDADO TINTA FRESCA	WET PAINT	[wet peɪnt]

56. Transportes urbanos

autocarro (m)	bus, coach	[bʌs], [kəʊtʃ]
elétrico (m)	tram	[træm]
troleicarro (m)	trolleybus	['trɒlɪbʌs]
itinerário (m)	route	[ru:t]
número (m)	number	['nʌmbə(r)]
ir de ... (carro, etc.)	to go by ...	[tə gəʊ baɪ]
entrar (~ no autocarro)	to get on	[tə get ɒn]
descer de ...	to get off ...	[tə get ɒf]

paragem (f)	stop	[stɒp]
próxima paragem (f)	next stop	[ˌnekst 'stɒp]
ponto (m) final	terminus	['tɜːmɪnəs]
horário (m)	timetable	['taɪmˌteɪbəl]
esperar (vt)	to wait (vt)	[tə weɪt]
bilhete (m)	ticket	['tɪkɪt]
custo (m) do bilhete	fare	[feə(r)]
bilheteiro (m)	cashier	[kæ'ʃɪə(r)]
controlo (m) dos bilhetes	ticket inspection	['tɪkɪt ɪn'spekʃən]
revisor (m)	ticket inspector	['tɪkɪt ɪn'spektə]
atrasar-se (vr)	to be late	[tə bi 'leɪt]
estar com pressa	to be in a hurry	[tə bi ɪn ə 'hʌrɪ]
táxi (m)	taxi, cab	['tæksɪ], [kæb]
taxista (m)	taxi driver	['tæksɪ 'draɪvə(r)]
de táxi (ir ~)	by taxi	[baɪ 'tæksɪ]
praça (f) de táxis	taxi rank	['tæksɪ ræŋk]
chamar um táxi	to call a taxi	[tə kɔːl ə 'tæksɪ]
apanhar um táxi	to take a taxi	[tə ˌteɪk ə 'tæksɪ]
tráfego (m)	traffic	['træfɪk]
engarrafamento (m)	traffic jam	['træfɪk dʒæm]
horas (f pl) de ponta	rush hour	['rʌʃ ˌauə(r)]
estacionar (vi)	to park (vi)	[tə pɑːk]
estacionar (vt)	to park (vt)	[tə pɑːk]
parque (m) de estacionamento	car park	[kɑː pɑːk]
metro (m)	underground, tube	['ʌndəgraʊnd], [tjuːb]
estação (f)	station	['steɪʃən]
ir de metro	to take the tube	[tə ˌteɪk ðə tjuːb]
comboio (m)	train	[treɪn]
estação (f)	train station	[treɪn 'steɪʃən]

57. Turismo

monumento (m)	monument	['mɒnjʊmənt]
fortaleza (f)	fortress	['fɔːtrɪs]
palácio (m)	palace	['pælɪs]
castelo (m)	castle	['kɑːsəl]
torre (f)	tower	['taʊə(r)]
mausoléu (m)	mausoleum	[ˌmɔːzə'lɪəm]
arquitetura (f)	architecture	['ɑːkɪtektʃə(r)]
medieval	medieval	[ˌmedɪ'iːvəl]
antigo	ancient	['eɪnʃənt]
nacional	national	['næʃənəl]
conhecido	famous	['feɪməs]
turista (m)	tourist	['tʊərɪst]
guia (pessoa)	guide	[gaɪd]
excursão (f)	excursion	[ɪk'skɜːʃən]

mostrar (vt)	to show (vt)	[tə ʃəʊ]
contar (vt)	to tell (vt)	[tə tel]
encontrar (vt)	to find (vt)	[tə faɪnd]
perder-se (vr)	to get lost	[tə get lɒst]
mapa (~ do metrô)	map	[mæp]
mapa (~ da cidade)	map	[mæp]
lembrança (f), presente (m)	souvenir, gift	[ˌsuːvəˈnɪə], [gɪft]
loja (f) de presentes	gift shop	[ˈgɪftˌʃɒp]
fotografar (vt)	to take pictures	[tə ˌteɪk ˈpɪktʃəz]

58. Compras

comprar (vt)	to buy (vt)	[tə baɪ]
compra (f)	shopping	[ˈʃɒpɪŋ]
fazer compras	to go shopping	[tə gəʊ ˈʃɒpɪŋ]
compras (f pl)	shopping	[ˈʃɒpɪŋ]
estar aberta (loja, etc.)	to be open	[tə bi ˈəʊpən]
estar fechada	to be closed	[tə bi kləʊzd]
calçado (m)	footwear, shoes	[ˈfʊtweə(r)], [ʃuːz]
roupa (f)	clothes, clothing	[kləʊðz], [ˈkləʊðɪŋ]
cosméticos (m pl)	cosmetics	[kɒzˈmetɪks]
alimentos (m pl)	food products	[fuːd ˈprɒdʌkts]
presente (m)	gift, present	[gɪft], [ˈprezənt]
vendedor (m)	shop assistant	[ʃɒp əˈsɪstənt]
vendedora (f)	shop assistant	[ʃɒp əˈsɪstənt]
caixa (f)	cash desk	[kæʃ desk]
espelho (m)	mirror	[ˈmɪrə(r)]
balcão (m)	counter	[ˈkaʊntə(r)]
cabine (f) de provas	fitting room	[ˈfɪtɪŋ ˌrum]
provar (vt)	to try on (vt)	[tə ˌtraɪ ˈɒn]
servir (vi)	to fit (vt)	[tə fɪt]
gostar (apreciar)	to fancy (vt)	[tə ˈfænsɪ]
preço (m)	price	[praɪs]
etiqueta (f) de preço	price tag	[ˈpraɪs tæg]
custar (vt)	to cost (vt)	[tə kɒst]
Quanto?	How much?	[ˌhaʊ ˈmʌtʃ]
desconto (m)	discount	[ˈdɪskaʊnt]
não caro	inexpensive	[ˌɪnɪkˈspensɪv]
barato	cheap	[tʃiːp]
caro	expensive	[ɪkˈspensɪv]
É caro	It's expensive	[ɪts ɪkˈspensɪv]
aluguer (m)	hire	[ˈhaɪə(r)]
alugar (vestidos, etc.)	to hire (vt)	[tə ˈhaɪə(r)]
crédito (m)	credit	[ˈkredɪt]
a crédito	on credit	[ɒn ˈkredɪt]

59. Dinheiro

dinheiro (m)	money	['mʌnɪ]
câmbio (m)	currency exchange	['kʌrənsɪ ɪks'tʃeɪndʒ]
taxa (f) de câmbio	exchange rate	[ɪks'tʃeɪndʒ reɪt]
Caixa Multibanco (m)	cashpoint	['kæʃpɔɪnt]
moeda (f)	coin	[kɔɪn]

dólar (m)	dollar	['dɒlə(r)]
euro (m)	euro	['jʊərəʊ]

lira (f)	lira	['lɪərə]
marco (m)	Deutschmark	['dɔɪtʃmɑːk]
franco (m)	franc	[fræŋk]
libra (f) esterlina	pound sterling	[paʊnd 'stɜːlɪŋ]
iene (m)	yen	[jen]

dívida (f)	debt	[det]
devedor (m)	debtor	['detə(r)]
emprestar (vt)	to lend (vt)	[tə lend]
pedir emprestado	to borrow (vt)	[tə 'bɒrəʊ]

banco (m)	bank	[bæŋk]
conta (f)	account	[ə'kaʊnt]
depositar (vt)	to deposit (vt)	[tə dɪ'pɒzɪt]

cartão (m) de crédito	credit card	['kredɪt kɑːd]
dinheiro (m) vivo	cash	[kæʃ]
cheque (m)	cheque	[tʃek]
passar um cheque	to write a cheque	[tə ˌraɪt ə 'tʃek]
livro (m) de cheques	chequebook	['tʃekˌbʊk]

carteira (f)	wallet	['wɒlɪt]
porta-moedas (m)	purse	[pɜːs]
cofre (m)	safe	[seɪf]

herdeiro (m)	heir	[eə(r)]
herança (f)	inheritance	[ɪn'herɪtəns]
fortuna (riqueza)	fortune	['fɔːtʃuːn]

arrendamento (m)	lease	[liːs]
renda (f) de casa	rent	[rent]
alugar (vt)	to rent (vt)	[tə rent]

preço (m)	price	[praɪs]
custo (m)	cost	[kɒst]
soma (f)	sum	[sʌm]

gastos (m pl)	expenses	[ɪk'spensɪz]
economizar (vi)	to economize (vi, vt)	[tə ɪ'kɒnəmaɪz]
económico	economical	[ˌiːkə'nɒmɪkəl]

pagar (vt)	to pay (vi, vt)	[tə peɪ]
pagamento (m)	payment	['peɪmənt]
troco (m)	change	[tʃeɪndʒ]

imposto (m)	tax	[tæks]
multa (f)	fine	[faɪn]
multar (vt)	to fine (vt)	[tə faɪn]

60. Correios. Serviço postal

correios (m pl)	post office	[pəʊst 'ɒfɪs]
correio (m)	post	[pəʊst]
carteiro (m)	postman	[pəʊstmən]
horário (m)	opening hours	['əʊpənɪŋ ˌaʊəz]
carta (f)	letter	['letə(r)]
carta (f) registada	registered letter	['redʒɪstəd 'letə(r)]
postal (m)	postcard	['pəʊstkɑːd]
telegrama (m)	telegram	['telɪgræm]
encomenda (f) postal	parcel	['pɑːsəl]
remessa (f) de dinheiro	money transfer	['mʌnɪ trænsˈfɜː(r)]
receber (vt)	to receive (vt)	[tə rɪˈsiːv]
enviar (vt)	to send (vt)	[tə send]
envio (m)	sending	['sendɪŋ]
endereço (m)	address	[əˈdres]
código (m) postal	postcode	['pəʊstkəʊd]
remetente (m)	sender	['sendə(r)]
destinatário (m)	receiver	[rɪˈsiːvə(r)]
nome (m)	first name	[fɜːst neɪm]
apelido (m)	surname, last name	['sɜːneɪm], [lɑːst neɪm]
tarifa (f)	rate	[reɪt]
ordinário	standard	['stændəd]
económico	economical	[ˌiːkəˈnɒmɪkəl]
peso (m)	weight	[weɪt]
pesar (estabelecer o peso)	to weigh (vt)	[tə weɪ]
envelope (m)	envelope	['envələʊp]
selo (m)	postage stamp	['pəʊstɪdʒ ˌstæmp]
colar o selo	to stamp an envelope	[tə stæmp ən 'envələʊp]

Moradia. Casa. Lar

61. Casa. Eletricidade

eletricidade (f)	electricity	[ˌɪlek'trɪsətɪ]
lâmpada (f)	light bulb	['laɪt ˌbʌlb]
interruptor (m)	switch	[swɪtʃ]
fusível (m)	fuse	[fju:z]
fio, cabo (m)	cable, wire	['keɪbəl], ['waɪə]
instalação (f) elétrica	wiring	['waɪərɪŋ]
contador (m) de eletricidade	electricity meter	[ˌɪlek'trɪsətɪ 'mi:tə(r)]
indicação (f), registo (m)	readings	['ri:dɪŋz]

62. Moradia. Mansão

casa (f) de campo	country house	['kʌntrɪ haʊs]
vila (f)	country-villa	['kʌntrɪ 'vɪlə]
ala (~ do edifício)	wing	[wɪŋ]
jardim (m)	garden	['gɑ:dən]
parque (m)	park	[pɑ:k]
estufa (f)	conservatory	[kən'sɜ:vətrɪ]
cuidar de …	to look after	[tə lʊk 'ɑ:ftə]
piscina (f)	swimming pool	['swɪmɪŋ pu:l]
ginásio (m)	gym	[dʒɪm]
campo (m) de ténis	tennis court	['tenɪs kɔ:t]
cinema (m)	home cinema room	[həʊm 'sɪnəmə rʊm]
garagem (f)	garage	[gə'rɑ:ʒ]
propriedade (f) privada	private property	['praɪvɪt 'prɒpətɪ]
terreno (m) privado	private land	['praɪvɪt lænd]
advertência (f)	warning	['wɔ:nɪŋ]
sinal (m) de aviso	warning sign	['wɔ:nɪŋ saɪn]
guarda (f)	security	[sɪ'kjʊərətɪ]
guarda (m)	security guard	[sɪ'kjʊərətɪ gɑ:d]
alarme (m)	burglar alarm	['bɜ:glə ə'lɑ:m]

63. Apartamento

apartamento (m)	flat	[flæt]
quarto (m)	room	[ru:m]

quarto (m) de dormir	bedroom	['bedrʊm]
sala (f) de jantar	dining room	['daɪnɪŋ rʊm]
sala (f) de estar	living room	['lɪvɪŋ ruːm]
escritório (m)	study	['stʌdɪ]
antessala (f)	entry room	['entrɪ ruːm]
quarto (m) de banho	bathroom	['bɑːθrʊm]
toilette (lavabo)	water closet	['wɔːtə 'klɒzɪt]
teto (m)	ceiling	['siːlɪŋ]
chão, soalho (m)	floor	[flɔː(r)]
canto (m)	corner	['kɔːnə(r)]

64. Mobiliário. Interior

mobiliário (m)	furniture	['fɜːnɪtʃə(r)]
mesa (f)	table	['teɪbəl]
cadeira (f)	chair	[tʃeə(r)]
cama (f)	bed	[bed]
divã (m)	sofa, settee	['səʊfə], [se'tiː]
cadeirão (m)	armchair	['ɑːmtʃeə(r)]
estante (f)	bookcase	['bʊkkeɪs]
prateleira (f)	shelf	[ʃelf]
guarda-vestidos (m)	wardrobe	['wɔːdrəʊb]
cabide (m) de parede	coat rack	['kəʊt ˌræk]
cabide (m) de pé	coat stand	['kəʊt stænd]
cómoda (f)	chest of drawers	[ˌtʃest əv 'drɔːz]
mesinha (f) de centro	coffee table	['kɒfɪ 'teɪbəl]
espelho (m)	mirror	['mɪrə(r)]
tapete (m)	carpet	['kɑːpɪt]
tapete (m) pequeno	small carpet	[smɔːl 'kɑːpɪt]
lareira (f)	fireplace	['faɪəpleɪs]
vela (f)	candle	['kændəl]
castiçal (m)	candlestick	['kændəlstɪk]
cortinas (f pl)	drapes	[dreɪps]
papel (m) de parede	wallpaper	['wɔːlˌpeɪpə(r)]
estores (f pl)	blinds	[blaɪndz]
candeeiro (m) de mesa	table lamp	['teɪbəl læmp]
candeeiro (m) de pé	standard lamp	['stændəd læmp]
lustre (m)	chandelier	[ˌʃændə'lɪə(r)]
pé (de mesa, etc.)	leg	[leg]
braço (m)	armrest	['ɑːmrest]
costas (f pl)	back	[bæk]
gaveta (f)	drawer	[drɔː(r)]

65. Quarto de dormir

roupa (f) de cama	bedclothes	[ˈbedkləʊðz]
almofada (f)	pillow	[ˈpɪləʊ]
fronha (f)	pillowslip	[ˈpɪləʊslɪp]
cobertor (m)	duvet	[ˈduːveɪ]
lençol (m)	sheet	[ʃiːt]
colcha (f)	bedspread	[ˈbedspred]

66. Cozinha

cozinha (f)	kitchen	[ˈkɪtʃɪn]
gás (m)	gas	[gæs]
fogão (m) a gás	gas cooker	[gæs ˈkʊkə(r)]
fogão (m) elétrico	electric cooker	[ɪˈlektrɪk ˈkʊkə(r)]
forno (m)	oven	[ˈʌvən]
forno (m) de micro-ondas	microwave oven	[ˈmaɪkrəweɪv ˈʌvən]
frigorífico (m)	refrigerator	[rɪˈfrɪdʒəreɪtə(r)]
congelador (m)	freezer	[ˈfriːzə(r)]
máquina (f) de lavar louça	dishwasher	[ˈdɪʃwɒʃə(r)]
moedor (m) de carne	mincer	[ˈmɪnsə(r)]
espremedor (m)	juicer	[ˈdʒuːsə]
torradeira (f)	toaster	[ˈtəʊstə(r)]
batedeira (f)	mixer	[ˈmɪksə(r)]
máquina (f) de café	coffee machine	[ˈkɒfɪ məˈʃiːn]
cafeteira (f)	coffee pot	[ˈkɒfɪ pɒt]
moinho (m) de café	coffee grinder	[ˈkɒfɪ ˈgraɪndə(r)]
chaleira (f)	kettle	[ˈketəl]
bule (m)	teapot	[ˈtiːpɒt]
tampa (f)	lid	[lɪd]
coador (m) de chá	tea strainer	[tiː ˈstreɪnə(r)]
colher (f)	spoon	[spuːn]
colher (f) de chá	teaspoon	[ˈtiːspuːn]
colher (f) de sopa	soup spoon	[suːp spuːn]
garfo (m)	fork	[fɔːk]
faca (f)	knife	[naɪf]
louça (f)	tableware	[ˈteɪbəlweə(r)]
prato (m)	plate	[pleɪt]
pires (m)	saucer	[ˈsɔːsə(r)]
cálice (m)	shot glass	[ʃɒt glɑːs]
copo (m)	glass	[glɑːs]
chávena (f)	cup	[kʌp]
açucareiro (m)	sugar bowl	[ˈʃʊgə ˌbəʊl]
saleiro (m)	salt cellar	[sɔːlt ˈselə(r)]
pimenteiro (m)	pepper pot	[ˈpepə(r) pɒt]

manteigueira (f)	butter dish	['bʌtə dɪʃ]
panela, caçarola (f)	stock pot	[stɒk pɒt]
frigideira (f)	frying pan	['fraɪɪŋ pæn]
concha (f)	ladle	['leɪdəl]
passador (m)	colander	['kʌləndə(r)]
bandeja (f)	tray	[treɪ]
garrafa (f)	bottle	['bɒtəl]
boião (m) de vidro	jar	[dʒɑː(r)]
lata (f)	tin	[tɪn]
abre-garrafas (m)	bottle opener	['bɒtəl 'əʊpənə(r)]
abre-latas (m)	tin opener	[tɪn 'əʊpənə(r)]
saca-rolhas (m)	corkscrew	['kɔːkskruː]
filtro (m)	filter	['fɪltə(r)]
filtrar (vt)	to filter (vt)	[tə 'fɪltə(r)]
lixo (m)	waste	[weɪst]
balde (m) do lixo	waste bin	[weɪst bɪn]

67. Casa de banho

quarto (m) de banho	bathroom	['bɑːθrʊm]
água (f)	water	['wɔːtə(r)]
torneira (f)	tap	[tæp]
água (f) quente	hot water	[hɒt 'wɔːtə(r)]
água (f) fria	cold water	[ˌkəʊld 'wɔːtə(r)]
pasta (f) de dentes	toothpaste	['tuːθpeɪst]
escovar os dentes	to clean one's teeth	[tə kliːn wʌns 'tiːθ]
barbear-se (vr)	to shave (vi)	[tə ʃeɪv]
espuma (f) de barbear	shaving foam	['ʃeɪvɪŋ fəʊm]
máquina (f) de barbear	razor	['reɪzə(r)]
lavar (vt)	to wash (vt)	[tə wɒʃ]
lavar-se (vr)	to have a bath	[tə hæv ə bɑːθ]
duche (m)	shower	['ʃaʊə(r)]
tomar um duche	to have a shower	[tə hæv ə 'ʃaʊə(r)]
banheira (f)	bath	[bɑːθ]
sanita (f)	toilet	['tɔɪlɪt]
lavatório (m)	sink, washbasin	[sɪŋk], ['wɒʃˌbeɪsən]
sabonete (m)	soap	[səʊp]
saboneteira (f)	soap dish	['səʊpdɪʃ]
esponja (f)	sponge	[spʌndʒ]
champô (m)	shampoo	[ʃæm'puː]
toalha (f)	towel	['taʊəl]
roupão (m) de banho	bathrobe	['bɑːθrəʊb]
lavagem (f)	laundry	['lɔːndrɪ]
máquina (f) de lavar	washing machine	['wɒʃɪŋ mə'ʃiːn]

lavar a roupa	to do the laundry	[tə du: ðə 'lɔ:ndrɪ]
detergente (m)	washing powder	['wɒʃɪŋ 'paʊdə(r)]

68. Eletrodomésticos

televisor (m)	TV, telly	[ˌti:'vi:], ['telɪ]
gravador (m)	tape recorder	[teɪp rɪ'kɔ:də(r)]
videogravador (m)	video	['vɪdɪəʊ]
rádio (m)	radio	['reɪdɪəʊ]
leitor (m)	player	['pleɪə(r)]
projetor (m)	video projector	['vɪdɪəʊ prə'dʒektə(r)]
cinema (m) em casa	home cinema	[həʊm 'sɪnəmə]
leitor (m) de DVD	DVD player	[ˌdi:vi:'di: 'pleɪə(r)]
amplificador (m)	amplifier	['æmplɪfaɪə]
console (f) de jogos	video game console	['vɪdɪəʊ geɪm 'kɒnsəʊl]
câmara (f) de vídeo	video camera	['vɪdɪəʊ 'kæmərə]
máquina (f) fotográfica	camera	['kæmərə]
câmara (f) digital	digital camera	['dɪdʒɪtəl 'kæmərə]
aspirador (m)	vacuum cleaner	['vækjʊəm 'kli:nə(r)]
ferro (m) de engomar	iron	['aɪən]
tábua (f) de engomar	ironing board	['aɪrənɪŋ bɔ:d]
telefone (m)	telephone	['telɪfəʊn]
telemóvel (m)	mobile phone	['məʊbaɪl fəʊn]
máquina (f) de escrever	typewriter	['taɪpˌraɪtə(r)]
máquina (f) de costura	sewing machine	['səʊɪŋ mə'ʃi:n]
microfone (m)	microphone	['maɪkrəfəʊn]
auscultadores (m pl)	headphones	['hedfəʊnz]
controlo remoto (m)	remote control	[rɪ'məʊt kən'trəʊl]
CD (m)	CD, compact disc	[ˌsi:'di:], [kəm'pækt dɪsk]
cassete (f)	cassette, tape	[kæ'set], [teɪp]
disco (m) de vinil	vinyl record	['vaɪnɪl 'rekɔ:d]

ATIVIDADES HUMANAS

Emprego. Negócios. Parte 1

69. Escritório. O trabalho no escritório

escritório (~ de advogados)	office	['ɒfɪs]
escritório (do diretor, etc.)	office	['ɒfɪs]
secretário (m)	secretary	['sekrətərɪ]
secretária (f)	secretary	['sekrətərɪ]
diretor (m)	director	[dɪ'rektə(r)]
gerente (m)	manager	['mænɪdʒə(r)]
contabilista (m)	accountant	[ə'kaʊntənt]
empregado (m)	employee	[ɪm'plɔɪiː]
mobiliário (m)	furniture	['fɜːnɪtʃə(r)]
mesa (f)	desk	[desk]
cadeira (f)	desk chair	[desk ʃeə(r)]
bloco (m) de gavetas	drawer unit	[drɔːr 'juːnɪt]
cabide (m) de pé	coat stand	['kəʊt stænd]
computador (m)	computer	[kəm'pjuːtə(r)]
impressora (f)	printer	['prɪntə(r)]
fax (m)	fax machine	[fæks mə'ʃiːn]
fotocopiadora (f)	photocopier	['fəʊtəʊˌkɒpɪə]
papel (m)	paper	['peɪpə(r)]
artigos (m pl) de escritório	office supplies	['ɒfɪs sə'plaɪs]
tapete (m) de rato	mouse mat	['maʊs mæt]
folha (f) de papel	sheet of paper	[ʃiːt əv 'peɪpə]
catálogo (m)	catalogue	['kætəlɒg]
diretório (f) telefónico	phone directory	['fəʊn dɪ'rektərɪ]
documentação (f)	documentation	[ˌdɒkjumen'teɪʃən]
brochura (f)	brochure	['brəʊʃə(r)]
flyer (m)	leaflet	['liːflɪt]
amostra (f)	sample	['sɑːmpəl]
formação (f)	training meeting	['treɪnɪŋ 'miːtɪŋ]
reunião (f)	meeting	['miːtɪŋ]
hora (f) de almoço	lunch time	['lʌntʃ ˌtaɪm]
fazer uma cópia	to make a copy	[tə meɪk ə 'kɒpɪ]
tirar cópias	to make multiple copies	[tə meɪk 'mʌltɪpəl 'kɒpɪs]
receber um fax	to receive a fax	[tə rɪ'siːv ə 'fæks]
enviar um fax	to send a fax	[tə ˌsend ə 'fæks]
fazer uma chamada	to ring (vi, vt)	[tə rɪŋ]
responder (vt)	to answer (vi, vt)	[tə 'ɑːnsə(r)]

passar (vt)	to put through	[tə pʊt θruː]
marcar (vt)	to arrange (vt)	[tə əˈreɪndʒ]
demonstrar (vt)	to demonstrate (vt)	[tə ˈdemənstreɪt]
estar ausente	to be absent	[tə bi ˈæbsənt]
ausência (f)	absence	[ˈæbsəns]

70. Processos negociais. Parte 1

negócio (m)	business	[ˈbɪznɪs]
firma, empresa (f)	firm	[fɜːm]
companhia (f)	company	[ˈkʌmpənɪ]
corporação (f)	corporation	[ˌkɔːpəˈreɪʃən]
empresa (f)	enterprise	[ˈentəpraɪz]
agência (f)	agency	[ˈeɪdʒənsɪ]

acordo (documento)	agreement	[əˈgriːmənt]
contrato (m)	contract	[ˈkɒntrækt]
acordo (transação)	deal	[diːl]
encomenda (f)	order, command	[ˈɔːdə(r)], [kəˈmɑːnd]
cláusulas (f pl), termos (m pl)	terms	[tɜːmz]

por grosso (adv)	wholesale	[ˈhəʊlseɪl]
por grosso (adj)	wholesale	[ˈhəʊlseɪl]
venda (f) por grosso	wholesale	[ˈhəʊlseɪl]
a retalho	retail	[ˈriːteɪl]
venda (f) a retalho	retail	[ˈriːteɪl]

concorrente (m)	competitor	[kəmˈpetɪtə(r)]
concorrência (f)	competition	[ˌkɒmpɪˈtɪʃən]
competir (vi)	to compete (vi)	[tə kəmˈpiːt]

| sócio (m) | partner, associate | [ˈpɑːtnə(r)], [əˈsəʊʃɪət] |
| parceria (f) | partnership | [ˈpɑːtnəʃɪp] |

crise (f)	crisis	[ˈkraɪsɪs]
bancarrota (f)	bankruptcy	[ˈbæŋkrʌptsɪ]
entrar em falência	to go bankrupt	[tə gəʊ ˈbæŋkrʌpt]
dificuldade (f)	difficulty	[ˈdɪfɪkəltɪ]
problema (m)	problem	[ˈprɒbləm]
catástrofe (f)	catastrophe	[kəˈtæstrəfɪ]

economia (f)	economy	[ɪˈkɒnəmɪ]
económico	economic	[ˌiːkəˈnɒmɪk]
recessão (f) económica	economic recession	[ˌiːkəˈnɒmɪk rɪˈseʃən]

| objetivo (m) | goal, purpose | [gəʊl], [ˈpɜːpəs] |
| tarefa (f) | task | [tɑːsk] |

comerciar (vi, vt)	to trade (vi)	[tə treɪd]
rede (de distribuição)	network	[ˈnetwɜːk]
estoque (m)	inventory	[ˈɪnvəntərɪ]
sortimento (m)	range, assortment	[reɪndʒ], [əˈsɔːtmənt]
líder (m)	leader	[ˈliːdə(r)]
grande (~ empresa)	big, large	[bɪg], [lɑːdʒ]

monopólio (m)	monopoly	[məˈnɒpəlɪ]
teoria (f)	theory	[ˈθɪərɪ]
prática (f)	practice	[ˈpræktɪs]
experiência (falar por ~)	experience	[ɪkˈspɪərɪəns]
tendência (f)	trend	[trend]
desenvolvimento (m)	development	[dɪˈveləpmənt]

71. Processos negociais. Parte 2

rentabilidade (f)	profit	[ˈprɒfɪt]
rentável	profitable	[ˈprɒfɪtəbəl]
delegação (f)	delegation	[ˌdelɪˈgeɪʃən]
salário, ordenado (m)	salary	[ˈsælərɪ]
corrigir (um erro)	to correct (vt)	[tə kəˈrekt]
viagem (f) de negócios	business trip	[ˈbɪznɪs trɪp]
comissão (f)	commission	[kəˈmɪʃən]
controlar (vt)	to control (vt)	[tə kənˈtrəʊl]
conferência (f)	conference	[ˈkɒnfərəns]
licença (f)	licence	[ˈlaɪsəns]
confiável	reliable	[rɪˈlaɪəbəl]
empreendimento (m)	initiative	[ɪˈnɪʃətɪv]
norma (f)	norm	[nɔːm]
circunstância (f)	circumstance	[ˈsɜːkəmstəns]
dever (m)	duty	[ˈdjuːtɪ]
empresa (f)	organization	[ˌɔːgənaɪˈzeɪʃən]
organização (f)	organization	[ˌɔːgənaɪˈzeɪʃən]
organizado	organized	[ˈɔːgənaɪzd]
anulação (f)	cancellation	[ˌkænsəˈleɪʃən]
anular, cancelar (vt)	to cancel (vt)	[tə ˈkænsəl]
relatório (m)	report	[rɪˈpɔːt]
patente (f)	patent	[ˈpeɪtənt]
patentear (vt)	to patent (vt)	[tə peɪtənt]
planear (vt)	to plan (vt)	[tə plæn]
prémio (m)	bonus	[ˈbəʊnəs]
profissional	professional	[prəˈfeʃənəl]
procedimento (m)	procedure	[prəˈsiːdʒə(r)]
examinar (a questão)	to examine (vt)	[tə ɪgˈzæmɪn]
cálculo (m)	calculation	[ˌkælkjʊˈleɪʃən]
reputação (f)	reputation	[ˌrepjʊˈteɪʃən]
risco (m)	risk	[rɪsk]
dirigir (~ uma empresa)	to manage (vt)	[tə ˈmænɪdʒ]
informação (f)	information	[ˌɪnfəˈmeɪʃən]
propriedade (f)	property	[ˈprɒpətɪ]
união (f)	union	[ˈjuːnɪən]
seguro (m) de vida	life insurance	[laɪf ɪnˈʃɔːrəns]
fazer um seguro	to insure (vt)	[tu ɪnˈʃɔː(r)]

seguro (m)	insurance	[ɪnˈʃɔːrəns]
leilão (m)	auction	[ˈɔːkʃən]
notificar (vt)	to notify (vt)	[tə ˈnəʊtɪfaɪ]
gestão (f)	management	[ˈmænɪdʒmənt]
serviço (indústria de ~s)	service	[ˈsɜːvɪs]
fórum (m)	forum	[ˈfɔːrəm]
funcionar (vi)	to function (vi)	[tə ˈfʌŋkʃən]
estágio (m)	stage	[steɪdʒ]
jurídico	legal	[ˈliːgəl]
jurista (m)	lawyer	[ˈlɔːjə(r)]

72. Produção. Trabalhos

usina (f)	plant	[plɑːnt]
fábrica (f)	factory	[ˈfæktərɪ]
oficina (f)	workshop	[ˈwɜːkʃɒp]
local (m) de produção	production site	[prəˈdʌkʃən saɪt]
indústria (f)	industry	[ˈɪndʌstrɪ]
industrial	industrial	[ɪnˈdʌstrɪəl]
indústria (f) pesada	heavy industry	[ˈhevɪ ˈɪndʌstrɪ]
indústria (f) ligeira	light industry	[laɪt ˈɪndʌstrɪ]
produção (f)	products	[ˈprɒdʌkts]
produzir (vt)	to produce (vt)	[tə prəˈdjuːs]
matérias-primas (f pl)	raw materials	[rɔː məˈtɪərɪəlz]
chefe (m) de brigada	foreman	[ˈfɔːmən]
brigada (f)	workers team	[ˈwɜːkəz tiːm]
operário (m)	worker	[ˈwɜːkə(r)]
dia (m) de trabalho	working day	[ˈwɜːkɪŋ deɪ]
pausa (f)	pause, break	[pɔːz], [breɪk]
reunião (f)	meeting	[ˈmiːtɪŋ]
discutir (vt)	to discuss (vt)	[tə dɪsˈkʌs]
plano (m)	plan	[plæn]
cumprir o plano	to fulfil the plan	[tə fʊlˈfɪl ðə plæn]
taxa (f) de produção	rate of output	[reɪt əv ˈaʊtpʊt]
qualidade (f)	quality	[ˈkwɒlɪtɪ]
controlo (m)	checking	[ˈtʃekɪŋ]
controlo (m) da qualidade	quality control	[ˈkwɒlɪtɪ kənˈtrəʊl]
segurança (f) no trabalho	workplace safety	[ˈwɜːkpleɪs ˈseɪftɪ]
disciplina (f)	discipline	[ˈdɪsɪplɪn]
infração (f)	violation	[ˌvaɪəˈleɪʃən]
violar (as regras)	to violate (vt)	[tə ˈvaɪəleɪt]
greve (f)	strike	[straɪk]
grevista (m)	striker	[ˈstraɪkə(r)]
estar em greve	to be on strike	[tə bi ɒn straɪk]
sindicato (m)	trade union	[treɪd ˈjuːnɪən]
inventar (vt)	to invent (vt)	[tə ɪnˈvent]

invenção (f)	invention	[ɪn'venʃən]
pesquisa (f)	research	[rɪ'sɜːtʃ]
melhorar (vt)	to improve (vt)	[tu ɪm'pruːv]
tecnologia (f)	technology	[tek'nɒlədʒɪ]
desenho (m) técnico	technical drawing	['teknɪkəl 'drɔːɪŋ]
carga (f)	load, cargo	[ləʊd], ['kɑːgəʊ]
carregador (m)	loader	['ləʊdə(r)]
carregar (vt)	to load (vt)	[tə ləʊd]
carregamento (m)	loading	['ləʊdɪŋ]
descarregar (vt)	to unload (vi, vt)	[tə ˌʌn'ləʊd]
descarga (f)	unloading	[ˌʌn'ləʊdɪŋ]
transporte (m)	transport	['trænspɔːt]
companhia (f) de transporte	transport company	['trænspɔːt 'kʌmpənɪ]
transportar (vt)	to transport (vt)	[tə træn'spɔːt]
vagão (m) de carga	wagon	['wægən]
cisterna (f)	tank	[tæŋk]
camião (m)	lorry	['lɒrɪ]
máquina-ferramenta (f)	machine tool	[mə'ʃiːn tuːl]
mecanismo (m)	mechanism	['mekənɪzəm]
resíduos (m pl) industriais	industrial waste	[ɪn'dʌstrɪəl weɪst]
embalagem (f)	packing	['pækɪŋ]
embalar (vt)	to pack (vt)	[tə pæk]

73. Contrato. Acordo

contrato (m)	contract	['kɒntrækt]
acordo (m)	agreement	[ə'griːmənt]
adenda (f), anexo (m)	addendum	[ə'dendəm]
assinar o contrato	to sign a contract	[tə saɪn ə 'kɒntrækt]
assinatura (f)	signature	['sɪgnətʃə(r)]
assinar (vt)	to sign (vt)	[tə saɪn]
carimbo (m)	stamp, seal	[stæmp], [siːl]
objeto (m) do contrato	subject of the contract	['sʌbdʒɪkt əv ðə 'kɒntrækt]
cláusula (f)	clause	[klɔːz]
partes (f pl)	parties	['pɑːtɪz]
morada (f) jurídica	legal address	['liːgəl ə'dres]
violar o contrato	to violate the contract	[tə 'vaɪəleɪt ðə 'kɒntrækt]
obrigação (f)	commitment	[kə'mɪtmənt]
responsabilidade (f)	responsibility	[rɪˌspɒnsə'bɪlɪtɪ]
força (f) maior	force majeure	[fɔːs mæ'ʒɜː]
litígio (m), disputa (f)	dispute	[dɪ'spjuːt]
multas (f pl)	penalties	['penəltɪz]

74. Importação & Exportação

importação (f)	import	['ɪmpɔ:t]
importador (m)	importer	[ɪm'pɔ:tə(r)]
importar (vt)	to import (vt)	[tə ɪm'pɔ:t]
de importação	import	['ɪmpɔ:t]
exportação (f)	export	['ekspɔ:t]
exportador (m)	exporter	[ek'spɔ:tə(r)]
exportar (vt)	to export (vi, vt)	[tə ɪk'spɔ:t]
de exportação	export	['ekspɔ:t]
mercadoria (f)	goods	[gʊdz]
lote (de mercadorias)	consignment, lot	[ˌkən'saɪnmənt], [lɒt]
peso (m)	weight	[weɪt]
volume (m)	volume	['vɒljuːm]
metro (m) cúbico	cubic metre	['kju:bɪk 'mi:tə(r)]
produtor (m)	manufacturer	[ˌmænjʊ'fæktʃərə(r)]
companhia (f) de transporte	transport company	['trænspɔ:t 'kʌmpənɪ]
contentor (m)	container	[kən'teɪnə(r)]
fronteira (f)	border	['bɔ:də(r)]
alfândega (f)	customs	['kʌstəmz]
taxa (f) alfandegária	customs duty	['kʌstəmz 'dju:tɪ]
funcionário (m) da alfândega	customs officer	['kʌstəmz 'ɒfɪsə(r)]
contrabando (atividade)	smuggling	['smʌglɪŋ]
contrabando (produtos)	contraband	['kɒntrəbænd]

75. Finanças

ação (f)	share, stock	[ʃeə(r)], [stɒk]
obrigação (f)	bond	[bɒnd]
nota (f) promissória	promissory note	['prɒmɪsərɪ nəʊt]
bolsa (f)	stock exchange	[stɒk ɪks'tʃeɪndʒ]
cotação (m) das ações	stock price	[stɒk praɪs]
tornar-se mais barato	to go down	[tə gəʊ daʊn]
tornar-se mais caro	to go up	[tə gəʊ ʌp]
parte (f)	share	[ʃeə(r)]
participação (f) maioritária	controlling interest	[kən'trəʊlɪŋ 'ɪntrəst]
investimento (m)	investment	[ɪn'vestmənt]
investir (vt)	to invest (vi, vt)	[tu ɪn'vest]
percentagem (f)	percent	[pə'sent]
juros (m pl)	interest	['ɪntrəst]
lucro (m)	profit	['prɒfɪt]
lucrativo	profitable	['prɒfɪtəbəl]
imposto (m)	tax	[tæks]

Portuguese	English	Pronunciation
divisa (f)	currency	['kʌrənsı]
nacional	national	['næʃənəl]
câmbio (m)	exchange	[ıks'tʃeındʒ]
contabilista (m)	accountant	[ə'kaʊntənt]
contabilidade (f)	accounting	[ə'kaʊnts dı'pɑːtmənt]
bancarrota (f)	bankruptcy	['bæŋkrʌptsı]
arruinar-se (vr)	to be ruined	[tə biː 'ruːınd]
inflação (f)	inflation	[ın'fleıʃən]
desvalorização (f)	devaluation	['diːˌvæljuː'eıʃən]
capital (m)	capital	['kæpıtəl]
rendimento (m)	income	['ıŋkʌm]
volume (m) de negócios	turnover	['tɜːnˌəʊvə(r)]
recursos (m pl)	resources	[rı'sɔːsız]
recursos (m pl) financeiros	monetary resources	['mʌnıtərı rı'sɔːsız]
despesas (f pl) gerais	overheads	['əʊvəhedz]
reduzir (vt)	to reduce (vt)	[tə rı'djuːs]

76. Marketing

marketing (m)	marketing	['mɑːkıtıŋ]
mercado (m)	market	['mɑːkıt]
segmento (m) do mercado	market segment	['mɑːkıt 'segmənt]
produto (m)	product	['prɒdʌkt]
mercadoria (f)	goods	[gʊdz]
marca (f)	brand	[brænd]
marca (f) comercial	trade mark	[treıd mɑːk]
logo (m)	logo	['ləʊgəʊ]
demanda (f)	demand	[dı'mɑːnd]
oferta (f)	supply	[sə'plaı]
necessidade (f)	need	[niːd]
consumidor (m)	consumer	[kən'sjuːmə(r)]
análise (f)	analysis	[ə'næləsıs]
analisar (vt)	to analyse (vt)	[tu 'ænəlaız]
posicionamento (m)	positioning	[pə'zıʃənıŋ]
posicionar (vt)	to position (vt)	[tə pə'zıʃən]
preço (m)	price	[praıs]
política (f) de preços	pricing policy	['praısıŋ 'pɒləsı]
formação (f) de preços	price formation	[praıs fɔː'meıʃən]

77. Publicidade

Portuguese	English	Pronunciation
publicidade (f)	advertising	['ædvətaızıŋ]
publicitar (vt)	to advertise (vt)	[tə 'ædvətaız]
orçamento (m)	budget	['bʌdʒıt]

anúncio (m) publicitário	advertisement	[əd'vɜ:tɪsmənt]
publicidade (f) televisiva	TV advertising	[ˌtiː'viː 'ædvətaɪzɪŋ]
publicidade (f) na rádio	radio advertising	['reɪdɪəʊ 'ædvətaɪzɪŋ]
publicidade (f) exterior	outdoor advertising	['aʊtdɔː(r) 'ædvətaɪzɪŋ]
comunicação (f) de massa	mass medias	[mæs 'miːdɪəs]
periódico (m)	periodical	[ˌpɪərɪ'ɒdɪkəl]
imagem (f)	image	['ɪmɪdʒ]
slogan (m)	slogan	['sləʊgən]
mote (m), divisa (f)	motto	['mɒtəʊ]
campanha (f)	campaign	[kæm'peɪn]
companha (f) publicitária	advertising campaign	['ædvətaɪzɪŋ kæm'peɪn]
grupo (m) alvo	target group	['tɑːgɪt gruːp]
cartão (m) de visita	business card	['bɪznɪs kɑːd]
flyer (m)	leaflet	['liːflɪt]
brochura (f)	brochure	['brəʊʃə(r)]
folheto (m)	pamphlet	['pæmflɪt]
boletim (~ informativo)	newsletter	['njuːzˌletə(r)]
letreiro (m)	signboard	['saɪnbɔːd]
cartaz, póster (m)	poster	['pəʊstə(r)]
painel (m) publicitário	hoarding	['hɔːdɪŋ]

78. Banca

banco (m)	bank	[bæŋk]
sucursal, balcão (f)	branch	[brɑːntʃ]
consultor (m)	consultant	[kən'sʌltənt]
gerente (m)	manager	['mænɪdʒə(r)]
conta (f)	bank account	[bæŋk ə'kaʊnt]
número (m) da conta	account number	[ə'kaʊnt 'nʌmbə(r)]
conta (f) corrente	current account	['kʌrənt ə'kaʊnt]
conta (f) poupança	deposit account	[dɪ'pɒzɪt ə'kaʊnt]
abrir uma conta	to open an account	[tu 'əʊpən ən ə'kaʊnt]
fechar uma conta	to close the account	[tə kləʊz ðɪ ə'kaʊnt]
depósito (m)	deposit	[dɪ'pɒzɪt]
fazer um depósito	to make a deposit	[tə meɪk ə dɪ'pɒzɪt]
transferência (f) bancária	wire transfer	['waɪə 'trænsfɜː(r)]
transferir (vt)	to wire, to transfer	[tə 'waɪə], [tə træns'fɜː]
soma (f)	sum	[sʌm]
Quanto?	How much?	[ˌhaʊ 'mʌtʃ]
assinatura (f)	signature	['sɪgnətʃə(r)]
assinar (vt)	to sign (vt)	[tə saɪn]
cartão (m) de crédito	credit card	['kredɪt kɑːd]
código (m)	code	[kəʊd]

número (m) do cartão de crédito | credit card number | ['kredɪt kɑːd 'nʌmbə(r)]
Caixa Multibanco (m) | cashpoint | ['kæʃpɔɪnt]

cheque (m) | cheque | [tʃek]
passar um cheque | to write a cheque | [tə ˌraɪt ə 'tʃek]
livro (m) de cheques | chequebook | ['tʃekˌbʊk]

empréstimo (m) | loan | [ləʊn]
pedir um empréstimo | to apply for a loan | [tə ə'plaɪ fɔːrə ləʊn]
obter um empréstimo | to get a loan | [tə get ə ləʊn]
conceder um empréstimo | to give a loan | [tə gɪv ə ləʊn]
garantia (f) | guarantee | [ˌgærən'tiː]

79. Telefone. Conversação telefónica

telefone (m) | telephone | ['telɪfəʊn]
telemóvel (m) | mobile phone | ['məʊbaɪl fəʊn]
secretária (f) electrónica | answerphone | ['ænsəfəʊn]

fazer uma chamada | to ring (vi, vt) | [tə rɪŋ]
chamada (f) | call, ring | [kɔːl], [rɪŋ]

marcar um número | to dial a number | [tə 'daɪəl ə 'nʌmbə(r)]
Alô! | Hello! | [hə'ləʊ]
perguntar (vt) | to ask (vt) | [tə ɑːsk]
responder (vt) | to answer (vi, vt) | [tə 'ɑːnsə(r)]

ouvir (vt) | to hear (vt) | [tə hɪə(r)]
bem | well | [wel]
mal | not well | [nɒt wel]
ruído (m) | noises | [nɔɪzɪz]
auscultador (m) | receiver | [rɪ'siːvə(r)]
pegar o telefone | to pick up the phone | [tə pɪk ʌp ðə fəʊn]
desligar (vi) | to hang up | [tə hæŋ ʌp]

ocupado | busy | ['bɪzɪ]
tocar (vi) | to ring (vi) | [tə rɪŋ]
lista (f) telefónica | telephone book | ['telɪfəʊn bʊk]

local | local | ['ləʊkəl]
chamada (f) local | local call | ['ləʊkəl kɔːl]
de longa distância | trunk | [trʌŋk]
chamada (f) de longa distância | trunk call | [trʌŋk kɔːl]
internacional | international | [ˌɪntə'næʃənəl]
chamada (f) internacional | international call | [ˌɪntə'næʃənəl kɔːl]

80. Telefone móvel

telemóvel (m) | mobile phone | ['məʊbaɪl fəʊn]
ecrã (m) | display | [dɪ'spleɪ]

botão (m)	button	['bʌtən]
cartão SIM (m)	SIM card	[sɪm kɑːd]
bateria (f)	battery	['bætərɪ]
descarregar-se	to be flat	[tə bi flæt]
carregador (m)	charger	['tʃɑːdʒə(r)]
menu (m)	menu	['menjuː]
definições (f pl)	settings	['setɪŋz]
melodia (f)	tune	[tjuːn]
escolher (vt)	to select (vt)	[tə sɪ'lekt]
calculadora (f)	calculator	['kælkjʊleɪtə(r)]
correio (m) de voz	voice mail	[vɔɪs meɪl]
despertador (m)	alarm clock	[ə'lɑːm klɒk]
contatos (m pl)	contacts	['kɒntækts]
mensagem (f) de texto	SMS	[ˌesem'es]
assinante (m)	subscriber	[səb'skraɪbə(r)]

81. Estacionário

caneta (f)	ballpoint pen	['bɔːlpɔɪnt pen]
caneta (f) tinteiro	fountain pen	['faʊntɪn pen]
lápis (m)	pencil	['pensəl]
marcador (m)	highlighter	['haɪlaɪtə(r)]
caneta (f) de feltro	felt-tip pen	[felt tɪp pen]
bloco (m) de notas	notepad	['nəʊtpæd]
agenda (f)	diary	['daɪərɪ]
régua (f)	ruler	['ruːlə(r)]
calculadora (f)	calculator	['kælkjʊleɪtə(r)]
borracha (f)	rubber	['rʌbə(r)]
pionés (m)	drawing pin	['drɔːɪŋ pɪn]
clipe (m)	paper clip	['peɪpə klɪp]
cola (f)	glue	[gluː]
agrafador (m)	stapler	['steɪplə(r)]
furador (m)	hole punch	[həʊl pʌntʃ]
afia-lápis (m)	pencil sharpener	['pensəl 'ʃɑːpənə(r)]

82. Tipos de negócios

serviços (m pl) de contabilidade	accounting services	[ə'kaʊntɪŋ 'sɜːvɪsɪz]
publicidade (f)	advertising	['ædvətaɪzɪŋ]
agência (f) de publicidade	advertising agency	['ædvətaɪzɪŋ 'eɪdʒənsɪ]
ar (m) condicionado	air-conditioners	[eə kən'dɪʃənəz]
companhia (f) aérea	airline	['eəlaɪn]
bebidas (f pl) alcoólicas	alcoholic beverages	[ˌælkə'hɒlɪk 'bevərɪdʒɪz]

comércio (m) de antiguidades	antiquities	[æn'tıkwətız]
galeria (f) de arte	art gallery	[ɑːt 'gælərı]
serviços (m pl) de auditoria	audit services	['ɔːdɪt 'sɜːvɪsɪz]
negócios (m pl) bancários	banking industry	['bæŋkɪŋ 'ɪndʌstrɪ]
bar (m)	pub	[pʌb]
salão (m) de beleza	beauty salon	['bjuːtɪ 'sælɒn]
livraria (f)	bookshop	['bʊkʃɒp]
cervejaria (f)	brewery	['brʊərɪ]
centro (m) de escritórios	business centre	['bɪznɪs 'sentə(r)]
escola (f) de negócios	business school	['bɪznɪs skuːl]
casino (m)	casino	[kə'siːnəʊ]
construção (f)	construction	[kən'strʌkʃən]
serviços (m pl) de consultoria	consulting	[kən'sʌltɪŋ]
estomatologia (f)	dental clinic	['dentəl 'klɪnɪk]
design (m)	design	[dɪ'zaɪn]
farmácia (f)	chemist	['kemɪst]
lavandaria (f)	dry cleaners	[ˌdraɪ 'kliːnəz]
agência (f) de emprego	employment agency	[ɪm'plɔɪmənt 'eɪdʒənsɪ]
serviços (m pl) financeiros	financial services	[faɪ'nænʃəl 'sɜːvɪsɪz]
alimentos (m pl)	food products	[fuːd 'prɒdʌkts]
agência (f) funerária	undertakers	['ʌndəˌteɪkəs]
mobiliário (m)	furniture	['fɜːnɪtʃə(r)]
roupa (f)	clothing, garment	['kləʊðɪŋ], ['gɑːmənt]
hotel (m)	hotel	[həʊ'tel]
gelado (m)	ice-cream	[aɪs kriːm]
indústria (f)	industry	['ɪndʌstrɪ]
seguro (m)	insurance	[ɪn'ʃɔːrəns]
internet (f)	Internet	['ɪntənet]
investimento (m)	investments	[ɪn'vestmənts]
joalheiro (m)	jeweller	['dʒuːələ(r)]
joias (f pl)	jewellery	['dʒuːəlrɪ]
lavandaria (f)	laundry	['lɔːndrɪ]
serviços (m pl) jurídicos	legal adviser	['liːgəl əd'vaɪzə(r)]
indústria (f) ligeira	light industry	[laɪt 'ɪndʌstrɪ]
revista (f)	magazine	[ˌmægə'ziːn]
vendas (f pl) por catálogo	mail order selling	[meɪl 'ɔːdə 'selɪŋ]
medicina (f)	medicine	['medsɪn]
cinema (m)	cinema	['sɪnəmə]
museu (m)	museum	[mjuː'zɪːəm]
agência (f) de notícias	news agency	[njuːz 'eɪdʒənsɪ]
jornal (m)	newspaper	['njuːzˌpeɪpə(r)]
clube (m) noturno	nightclub	[naɪt klʌb]
petróleo (m)	oil, petroleum	[ɔɪl], [pɪ'trəʊlɪəm]
serviço (m) de encomendas	courier services	['kʊrɪə(r) 'sɜːvɪsɪz]
indústria (f) farmacêutica	pharmaceutics	[ˌfɑːmə'sjuːtɪks]
poligrafia (f)	printing	['prɪntɪŋ]
editora (f)	publishing house	['pʌblɪʃɪŋ ˌhaʊs]

rádio (m)	radio	['reɪdɪəʊ]
imobiliário (m)	real estate	[rɪəl ɪ'steɪt]
restaurante (m)	restaurant	['restrɒnt]
empresa (f) de segurança	security company	[sɪ'kjʊərətɪ 'kʌmpənɪ]
desporto (m)	sport	[spɔːt]
bolsa (f)	stock exchange	[stɒk ɪks'tʃeɪndʒ]
loja (f)	shop	[ʃɒp]
supermercado (m)	supermarket	['suːpəˌmɑːkɪt]
piscina (f)	swimming pool	['swɪmɪŋ puːl]
alfaiataria (f)	tailors	['teɪləz]
televisão (f)	television	['telɪˌvɪʒən]
teatro (m)	theatre	['θɪətə(r)]
comércio (atividade)	trade	[treɪd]
serviços (m pl) de transporte	transport companies	['trænspɔːt 'kʌmpənɪz]
viagens (f pl)	travel	['trævəl]
veterinário (m)	veterinary surgeon	['vetərɪnrɪ 'sɜːdʒən]
armazém (m)	warehouse	['weəhaʊs]
recolha (f) do lixo	waste collection	[weɪst kə'lekʃən]

Emprego. Negócios. Parte 2

83. Espetáculo. Feira

feira (f)	exhibition, show	[ˌeksɪ'bɪʃən], [ʃəʊ]
feira (f) comercial	trade show	[treɪd ʃəʊ]
participação (f)	participation	[pɑːˌtɪsɪ'peɪʃən]
participar (vi)	to participate (vi)	[tə pɑː'tɪsɪpeɪt]
participante (m)	participant	[pɑː'tɪsɪpənt]
diretor (m)	director	[dɪ'rektə(r)]
organizador (m)	organizer	['ɔːgənaɪzə(r)]
organizar (vt)	to organize (vt)	[tə 'ɔːgənaɪz]
ficha (f) de inscrição	participation form	[pɑːˌtɪsɪ'peɪʃən fɔːm]
preencher (vt)	to fill in (vt)	[tə fɪl 'ɪn]
detalhes (m pl)	details	['diːteɪlz]
informação (f)	information	[ˌɪnfə'meɪʃən]
preço (m)	price	[praɪs]
incluindo	including	[ɪn'kluːdɪŋ]
incluir (vt)	to include (vt)	[tu ɪn'kluːd]
pagar (vt)	to pay (vi, vt)	[tə peɪ]
taxa (f) de inscrição	registration fee	[ˌredʒɪ'streɪʃən fiː]
entrada (f)	entrance	['entrəns]
pavilhão (m)	pavilion, hall	[pə'vɪljən], [hɔːl]
inscrever (vt)	to register (vt)	[tə 'redʒɪstə(r)]
crachá (m)	badge	[bædʒ]
stand (m)	stand	[stænd]
reservar (vt)	to reserve, to book	[tə rɪ'zɜːv], [tə bʊk]
vitrina (f)	display case	[dɪ'spleɪ keɪs]
foco, spot (m)	spotlight	['spɒtlaɪt]
design (m)	design	[dɪ'zaɪn]
pôr, colocar (vt)	to place (vt)	[tə pleɪs]
ser colocado, -a	to be placed	[tə bi pleɪst]
distribuidor (m)	distributor	[dɪ'strɪbjʊtə(r)]
fornecedor (m)	supplier	[sə'plaɪə(r)]
fornecer (vt)	to supply (vt)	[tə sə'plaɪ]
país (m)	country	['kʌntrɪ]
estrangeiro	foreign	['fɒrən]
produto (m)	product	['prɒdʌkt]
associação (f)	association	[əˌsəʊsɪ'eɪʃən]
sala (f) de conferências	conference hall	['kɒnfərəns hɔːl]
congresso (m)	congress	['kɒŋgres]

concurso (m)	contest	['kɒntest]
visitante (m)	visitor	['vɪzɪtə(r)]
visitar (vt)	to visit (vt)	[tə 'vɪzɪt]
cliente (m)	customer	['kʌstəmə(r)]

84. Ciência. Investigação. Cientistas

ciência (f)	science	['saɪəns]
científico	scientific	[ˌsaɪən'tɪfɪk]
cientista (m)	scientist	['saɪəntɪst]
teoria (f)	theory	['θɪərɪ]
axioma (m)	axiom	['æksɪəm]
análise (f)	analysis	[ə'næləsɪs]
analisar (vt)	to analyse (vt)	[tu 'ænəlaɪz]
argumento (m)	argument	['ɑːgjʊmənt]
substância (f)	substance	['sʌbstəns]
hipótese (f)	hypothesis	[haɪ'pɒθɪsɪs]
dilema (m)	dilemma	[dɪ'lemə]
tese (f)	dissertation	[ˌdɪsə'teɪʃən]
dogma (m)	dogma	['dɒgmə]
doutrina (f)	doctrine	['dɒktrɪn]
pesquisa (f)	research	[rɪ'sɜːtʃ]
pesquisar (vt)	to research (vt)	[tə rɪ'sɜːtʃ]
teste (m)	tests	[tests]
laboratório (m)	laboratory	[lə'bɒrətrɪ]
método (m)	method	['meθəd]
molécula (f)	molecule	['mɒlɪkjuːl]
monitoramento (m)	monitoring	['mɒnɪtərɪŋ]
descoberta (f)	discovery	[dɪ'skʌvərɪ]
postulado (m)	postulate	['pɒstjʊlət]
princípio (m)	principle	['prɪnsɪpəl]
prognóstico (previsão)	forecast	['fɔːkɑːst]
prognosticar (vt)	to forecast (vt)	[tə 'fɔːkɑːst]
síntese (f)	synthesis	['sɪnθəsɪs]
tendência (f)	trend	[trend]
teorema (m)	theorem	['θɪərəm]
ensinamentos (m pl)	teachings	['tiːtʃɪŋz]
facto (m)	fact	[fækt]
expedição (f)	expedition	[ˌekspɪ'dɪʃən]
experiência (f)	experiment	[ɪk'sperɪmənt]
académico (m)	academician	[əˌkædə'mɪʃən]
bacharel (m)	bachelor	['bætʃələ(r)]
doutor (m)	doctor, PhD	['dɒktə(r)], [ˌpiː'eɪtʃ'diː]
docente (m)	Associate Professor	[ə'səʊʃɪət prə'fesə(r)]
mestre (m)	Master	['mɑːstə(r)]
professor (m) catedrático	professor	[prə'fesə(r)]

Profissões e ocupações

85. Procura de emprego. Demissão

trabalho (m)	job	[dʒɒb]
equipa (f)	staff	[stɑːf]
pessoal (m)	personnel	[ˌpɜːsəˈnel]
carreira (f)	career	[kəˈrɪə(r)]
perspetivas (f pl)	prospects	[ˈprɒspekts]
mestria (f)	skills, mastery	[skɪls], [ˈmɑːstərɪ]
seleção (f)	selection	[sɪˈlekʃən]
agência (f) de emprego	employment agency	[ɪmˈplɔɪmənt ˈeɪdʒənsɪ]
CV, currículo (m)	CV	[ˌsiːˈviː]
entrevista (f) de emprego	job interview	[ˈdʒɒb ˌɪntəvjuː]
vaga (f)	vacancy	[ˈveɪkənsɪ]
salário (m)	salary, pay	[ˈsælərɪ], [peɪ]
pagamento (m)	pay, compensation	[peɪ], [ˌkɒmpenˈseɪʃən]
posto (m)	position	[pəˈzɪʃən]
dever (do empregado)	duty	[ˈdjuːtɪ]
gama (f) de deveres	range of duties	[reɪndʒ əv ˈdjuːtɪz]
ocupado	busy	[ˈbɪzɪ]
despedir, demitir (vt)	to fire, to dismiss	[tə ˈfaɪə], [tə dɪsˈmɪs]
demissão (f)	dismissal	[dɪsˈmɪsəl]
desemprego (m)	unemployment	[ˌʌnɪmˈplɔɪmənt]
desempregado (m)	unemployed	[ˌʌnɪmˈplɔɪd]
reforma (f)	retirement	[rɪˈtaɪəmənt]
reformar-se	to retire (vi)	[tə rɪˈtaɪə(r)]

86. Gente de negócios

diretor (m)	director	[dɪˈrektə(r)]
gerente (m)	manager	[ˈmænɪdʒə(r)]
patrão, chefe (m)	boss	[bɒs]
superior (m)	superior	[suːˈpɪərɪə]
superiores (m pl)	superiors	[suːˈpɪərɪərz]
presidente (m)	president	[ˈprezɪdənt]
presidente (m) de direção	chairman	[ˈtʃeəmən]
substituto (m)	deputy	[ˈdepjʊtɪ]
assistente (m)	assistant	[əˈsɪstənt]
secretário (m)	secretary	[ˈsekrətərɪ]

secretário (m) pessoal	personal assistant	[ˈpɜːsənəl əˈsɪstənt]
homem (m) de negócios	businessman	[ˈbɪznɪsmæn]
empresário (m)	entrepreneur	[ˌɒntrəprəˈnɜː(r)]
fundador (m)	founder	[ˈfaʊndə(r)]
fundar (vt)	to found (vt)	[tə faʊnd]
fundador, sócio (m)	incorporator	[ɪnˈkɔːpəreɪtə]
parceiro, sócio (m)	partner	[ˈpɑːtnə(r)]
acionista (m)	shareholder	[ˈʃeəˌhəʊldə(r)]
milionário (m)	millionaire	[ˌmɪljəˈneə(r)]
bilionário (m)	billionaire	[ˌbɪljəˈneə(r)]
proprietário (m)	owner	[ˈəʊnə(r)]
proprietário (m) de terras	landowner	[ˈlændˌəʊnə(r)]
cliente (m)	client	[ˈklaɪənt]
cliente (m) habitual	regular client	[ˈregjʊlə ˈklaɪənt]
comprador (m)	buyer	[ˈbaɪə(r)]
visitante (m)	visitor	[ˈvɪzɪtə(r)]
profissional (m)	professional	[prəˈfeʃənəl]
perito (m)	expert	[ˈekspɜːt]
especialista (m)	specialist	[ˈspeʃəlɪst]
banqueiro (m)	banker	[ˈbæŋkə(r)]
corretor (m)	broker	[ˈbrəʊkə(r)]
caixa (m, f)	cashier	[kæˈʃɪə(r)]
contabilista (m)	accountant	[əˈkaʊntənt]
guarda (m)	security guard	[sɪˈkjʊərətɪ gɑːd]
investidor (m)	investor	[ɪnˈvestə(r)]
devedor (m)	debtor	[ˈdetə(r)]
credor (m)	creditor	[ˈkredɪtə(r)]
mutuário (m)	borrower	[ˈbɒrəʊə(r)]
importador (m)	importer	[ɪmˈpɔːtə(r)]
exportador (m)	exporter	[ekˈspɔːtə(r)]
produtor (m)	manufacturer	[ˌmænjʊˈfæktʃərə(r)]
distribuidor (m)	distributor	[dɪˈstrɪbjutə(r)]
intermediário (m)	middleman	[ˈmɪdəlmæn]
consultor (m)	consultant	[kənˈsʌltənt]
representante (m)	sales representative	[ˈseɪlz ˌreprɪˈzentətɪv]
agente (m)	agent	[ˈeɪdʒənt]
agente (m) de seguros	insurance agent	[ɪnˈʃɔːrəns ˈeɪdʒənt]

87. Profissões de serviços

cozinheiro (m)	cook	[kʊk]
cozinheiro chefe (m)	chef	[ʃef]
barman (m)	barman	[ˈbɑːmən]
empregado (m) de mesa	waiter	[ˈweɪtə(r)]

empregada (f) de mesa	waitress	['weɪtrɪs]
advogado (m)	lawyer, barrister	['lɔːjə(r)], ['bærɪstə(r)]
jurista (m)	lawyer	['lɔːjə(r)]
notário (m)	notary public	['nəʊtərɪ 'pʌblɪk]
eletricista (m)	electrician	[ˌɪlek'trɪʃən]
canalizador (m)	plumber	['plʌmə(r)]
carpinteiro (m)	carpenter	['kɑːpəntə(r)]
massagista (m)	masseur	[mæ'sɜː]
massagista (f)	masseuse	[mæ'suːz]
médico (m)	doctor	['dɒktə(r)]
taxista (m)	taxi driver	['tæksɪ 'draɪvə(r)]
condutor (automobilista)	driver	['draɪvə(r)]
entregador (m)	delivery man	[dɪ'lɪvərɪ mæn]
camareira (f)	chambermaid	['tʃeɪmbəˌmeɪd]
guarda (m)	security guard	[sɪ'kjʊərətɪ gɑːd]
hospedeira (f) de bordo	stewardess	['stjʊədɪs]
professor (m)	teacher	['tiːtʃə(r)]
bibliotecário (m)	librarian	[laɪ'breərɪən]
tradutor (m)	translator	[trænsˈleɪtə(r)]
intérprete (m)	interpreter	[ɪn'tɜːprɪtə(r)]
guia (pessoa)	guide	[gaɪd]
cabeleireiro (m)	hairdresser	['heəˌdresə(r)]
carteiro (m)	postman	[pəʊstmən]
vendedor (m)	shop assistant	[ʃɒp ə'sɪstənt]
jardineiro (m)	gardener	['gɑːdnə(r)]
criado (m)	servant	['sɜːvənt]
criada (f)	maid	[meɪd]
empregada (f) de limpeza	cleaner	['kliːnə(r)]

88. Profissões militares e postos

soldado (m) raso	private	['praɪvɪt]
sargento (m)	sergeant	['sɑːdʒənt]
tenente (m)	lieutenant	[lef'tenənt]
capitão (m)	captain	['kæptɪn]
major (m)	major	['meɪdʒə(r)]
coronel (m)	colonel	['kɜːnəl]
general (m)	general	['dʒenərəl]
marechal (m)	marshal	['mɑːʃəl]
almirante (m)	admiral	['ædmərəl]
militar (m)	military	['mɪlɪtərɪ]
soldado (m)	soldier	['səʊldʒə(r)]
oficial (m)	officer	['ɒfɪsə(r)]
comandante (m)	commander	[kə'mɑːndə(r)]
guarda (m) fronteiriço	border guard	['bɔːdə gɑːd]

operador (m) de rádio	radio operator	['reɪdɪəʊ 'ɒpəreɪtə(r)]
explorador (m)	scout	[skaʊt]
sapador (m)	pioneer	[ˌpaɪə'nɪə(r)]
atirador (m)	marksman	['mɑːksmən]
navegador (m)	navigator	['nævɪgeɪtə(r)]

89. Oficiais. Padres

rei (m)	king	[kɪŋ]
rainha (f)	queen	[kwiːn]
príncipe (m)	prince	[prɪns]
princesa (f)	princess	[prɪn'ses]
czar (m)	czar	[zɑː(r)]
czarina (f)	czarina	[zɑː'riːnə]
presidente (m)	President	['prezɪdənt]
ministro (m)	Minister	['mɪnɪstə(r)]
primeiro-ministro (m)	Prime Minister	[praɪm 'mɪnɪstə(r)]
senador (m)	Senator	['senətə(r)]
diplomata (m)	diplomat	['dɪpləmæt]
cônsul (m)	consul	['kɒnsəl]
embaixador (m)	ambassador	[æm'bæsədə(r)]
conselheiro (m)	counsellor	['kaʊnsələ(r)]
funcionário (m)	official, functionary	[ə'fɪʃəl], ['fʌŋkʃənərɪ]
prefeito (m)	prefect	['priːfekt]
Presidente (m) da Câmara	mayor	[meə(r)]
juiz (m)	judge	[dʒʌdʒ]
procurador (m)	prosecutor	['prɒsɪkjuːtə(r)]
missionário (m)	missionary	['mɪʃənrɪ]
monge (m)	monk	[mʌŋk]
abade (m)	abbot	['æbət]
rabino (m)	rabbi	['ræbaɪ]
vizir (m)	vizier	[vɪ'zɪə(r)]
xá (m)	shah	[ʃɑː]
xeque (m)	sheikh	[ʃeɪk]

90. Profissões agrícolas

apicultor (m)	beekeeper	['biːˌkiːpə(r)]
pastor (m)	shepherd	['ʃepəd]
agrónomo (m)	agronomist	[ə'grɒnəmɪst]
criador (m) de gado	cattle breeder	['kætəl 'briːdə(r)]
veterinário (m)	veterinary surgeon	['vetərɪnrɪ 'sɜːdʒən]
agricultor (m)	farmer	['fɑːmə(r)]
vinicultor (m)	winemaker	['waɪn ˌmeɪkə(r)]

| zoólogo (m) | zoologist | [zəʊˈɒlədʒɪst] |
| cowboy (m) | cowboy | [ˈkaʊbɔɪ] |

91. Profissões artísticas

| ator (m) | actor | [ˈæktə(r)] |
| atriz (f) | actress | [ˈæktrɪs] |

| cantor (m) | singer | [ˈsɪŋə(r)] |
| cantora (f) | singer | [ˈsɪŋə(r)] |

| bailarino (m) | dancer | [ˈdɑːnsə(r)] |
| bailarina (f) | dancer | [ˈdɑːnsə(r)] |

músico (m)	musician	[mjuːˈzɪʃən]
pianista (m)	pianist	[ˈpɪənɪst]
guitarrista (m)	guitar player	[gɪˈtɑːr ˈpleɪə(r)]

maestro (m)	conductor	[kənˈdʌktə(r)]
compositor (m)	composer	[kəmˈpəʊzə(r)]
empresário (m)	impresario	[ˌɪmprɪˈsɑːrɪəʊ]

realizador (m)	film director	[fɪlm dɪˈrektə(r)]
produtor (m)	producer	[prəˈdjuːsə(r)]
argumentista (m)	scriptwriter	[ˈskrɪptˌraɪtə(r)]
crítico (m)	critic	[ˈkrɪtɪk]

escritor (m)	writer	[ˈraɪtə(r)]
poeta (m)	poet	[ˈpəʊɪt]
escultor (m)	sculptor	[ˈskʌlptə(r)]
pintor (m)	artist, painter	[ˈɑːtɪst], [ˈpeɪntə(r)]

malabarista (m)	juggler	[ˈdʒʌglə(r)]
palhaço (m)	clown	[klaʊn]
acrobata (m)	acrobat	[ˈækrəbæt]
mágico (m)	magician	[məˈdʒɪʃən]

92. Várias profissões

médico (m)	doctor	[ˈdɒktə(r)]
enfermeira (f)	nurse	[nɜːs]
psiquiatra (m)	psychiatrist	[saɪˈkaɪətrɪst]
estomatologista (m)	dentist	[ˈdentɪst]
cirurgião (m)	surgeon	[ˈsɜːdʒən]

astronauta (m)	astronaut	[ˈæstrənɔːt]
astrónomo (m)	astronomer	[əˈstrɒnəmə(r)]
piloto (m)	pilot	[ˈpaɪlət]

motorista (m)	driver	[ˈdraɪvə(r)]
maquinista (m)	train driver	[treɪn ˈdraɪvə(r)]
mecânico (m)	mechanic	[mɪˈkænɪk]

mineiro (m)	miner	['maɪnə(r)]
operário (m)	worker	['wɜːkə(r)]
serralheiro (m)	locksmith	['lɒksmɪθ]
marceneiro (m)	joiner	['dʒɔɪnə(r)]
torneiro (m)	turner	['tɜːnə(r)]
construtor (m)	building worker	['bɪldɪŋ ˌwɜːkə(r)]
soldador (m)	welder	[weldə(r)]

professor (m) catedrático	professor	[prə'fesə(r)]
arquiteto (m)	architect	['ɑːkɪtekt]
historiador (m)	historian	[hɪ'stɔːrɪən]
cientista (m)	scientist	['saɪəntɪst]
físico (m)	physicist	['fɪzɪsɪst]
químico (m)	chemist	['kemɪst]

arqueólogo (m)	archaeologist	[ˌɑːkɪ'ɒlədʒɪst]
geólogo (m)	geologist	[dʒɪ'ɒlədʒɪst]
pesquisador (cientista)	researcher	[rɪ'sɜːtʃə(r)]

babysitter (f)	babysitter	[ˌbeɪbɪ 'sɪtə(r)]
professor (m)	teacher, educator	['tiːtʃə(r)], ['edʒʊkeɪtə(r)]

redator (m)	editor	['edɪtə(r)]
redator-chefe (m)	editor-in-chief	['edɪtər ɪn tʃiːf]
correspondente (m)	correspondent	[ˌkɒrɪ'spɒndənt]
datilógrafa (f)	typist	['taɪpɪst]

designer (m)	designer	[dɪ'zaɪnə(r)]
especialista (m) em informática	computer expert	[kəm'pjuːtər 'eksp3ːt]
programador (m)	programmer	['prəʊɡræmə(r)]
engenheiro (m)	engineer	[ˌendʒɪ'nɪə(r)]

marujo (m)	sailor	['seɪlə(r)]
marinheiro (m)	seaman	['siːmən]
salvador (m)	rescuer	['reskjʊə(r)]

bombeiro (m)	firefighter	['faɪəfaɪtə]
polícia (m)	police officer	[pə'liːs 'ɒfɪsə(r)]
guarda-noturno (m)	watchman	['wɒtʃmən]
detetive (m)	detective	[dɪ'tektɪv]

funcionário (m) da alfândega	customs officer	['kʌstəmz 'ɒfɪsə(r)]
guarda-costas (m)	bodyguard	['bɒdɪɡɑːd]
guarda (m) prisional	prison officer	['prɪzən 'ɒfɪsə(r)]
inspetor (m)	inspector	[ɪn'spektə(r)]

desportista (m)	sportsman	['spɔːtsmən]
treinador (m)	trainer, coach	['treɪnə(r)], [kəʊtʃ]
talhante (m)	butcher	['bʊtʃə(r)]
sapateiro (m)	cobbler, shoe repairer	['kɒblə(r)], [ʃuː rɪ'peərə(r)]
comerciante (m)	merchant	['mɜːtʃənt]
carregador (m)	loader	['ləʊdə(r)]

estilista (m)	fashion designer	['fæʃən dɪ'zaɪnə(r)]
modelo (f)	model	['mɒdəl]

93. Ocupações. Estatuto social

aluno, escolar (m)	schoolboy	['skuːlbɔɪ]
estudante (~ universitária)	student	['stjuːdənt]
filósofo (m)	philosopher	[fɪ'lɒsəfə(r)]
economista (m)	economist	[ɪ'kɒnəmɪst]
inventor (m)	inventor	[ɪn'ventə(r)]
desempregado (m)	unemployed	[ˌʌnɪm'plɔɪd]
reformado (m)	pensioner	['penʃənə(r)]
espião (m)	spy, secret agent	[spaɪ], ['siːkrɪt 'eɪdʒənt]
preso (m)	prisoner	['prɪzənə(r)]
grevista (m)	striker	['straɪkə(r)]
burocrata (m)	bureaucrat	['bjʊərəkræt]
viajante (m)	traveller	['trævələ(r)]
homossexual (m)	gay, homosexual	[geɪ], [ˌhɒmə'sekʃʊəl]
hacker (m)	hacker	['hækə(r)]
hippie	hippie	['hɪpɪ]
bandido (m)	bandit	['bændɪt]
assassino (m) a soldo	hit man, killer	[hɪt mæn], ['kɪlə(r)]
toxicodependente (m)	drug addict	['drʌgˌædɪkt]
traficante (m)	drug dealer	['drʌg ˌdiːlə(r)]
prostituta (f)	prostitute	['prɒstɪtjuːt]
chulo (m)	pimp	[pɪmp]
bruxo (m)	sorcerer	['sɔːsərə(r)]
bruxa (f)	sorceress	['sɔːsərɪs]
pirata (m)	pirate	['paɪrət]
escravo (m)	slave	[sleɪv]
samurai (m)	samurai	['sæmʊraɪ]
selvagem (m)	savage	['sævɪdʒ]

Educação

94. Escola

escola (f)	school	[sku:l]
diretor (m) de escola	headmaster	[ˌhed'mɑ:stə(r)]
aluno (m)	pupil	['pju:pəl]
aluna (f)	pupil	['pju:pəl]
escolar (m)	schoolboy	['sku:lbɔɪ]
escolar (f)	schoolgirl	['sku:lgɜ:l]
ensinar (vt)	to teach (vt)	[tə ti:tʃ]
aprender (vt)	to learn (vt)	[tə lɜ:n]
aprender de cor	to learn by heart	[tə lɜ:n baɪ hɑ:t]
estudar (vi)	to learn (vt)	[tə lɜ:n]
andar na escola	to be at school	[tə bi ət sku:l]
ir à escola	to go to school	[tə gəʊ tə sku:l]
alfabeto (m)	alphabet	['ælfəbet]
disciplina (f)	subject	['sʌbdʒɪkt]
sala (f) de aula	classroom	['klɑ:srʊm]
lição (f)	lesson	['lesən]
recreio (m)	playtime, break	['pleɪtaɪm], [breɪk]
toque (m)	school bell	[sku:l bel]
carteira (f)	desk	[desk]
quadro (m) negro	blackboard	['blækˌbɔ:d]
nota (f)	mark	[mɑ:k]
boa nota (f)	good mark	[gʊd mɑ:k]
nota (f) baixa	bad mark	[bæd mɑ:k]
dar uma nota	to give a mark	[tə gɪv ə mɑ:k]
erro (m)	mistake	[mɪ'steɪk]
fazer erros	to make mistakes	[tə meɪk mɪ'steɪks]
corrigir (vt)	to correct (vt)	[tə kə'rekt]
cábula (f)	crib	[krɪb]
dever (m) de casa	homework	['həʊmwɜ:k]
exercício (m)	exercise	['eksəsaɪz]
estar presente	to be present	[tə bi 'prezənt]
estar ausente	to be absent	[tə bi 'æbsənt]
faltar às aulas	to miss school	[tə mɪs sku:l]
punir (vt)	to punish (vt)	[tə 'pʌnɪʃ]
punição (f)	punishment	['pʌnɪʃmənt]
comportamento (m)	conduct	['kɒndʌkt]

boletim (m) escolar	school report	[skuːl rɪˈpɔːt]
lápis (m)	pencil	[ˈpensəl]
borracha (f)	rubber	[ˈrʌbə(r)]
giz (m)	chalk	[tʃɔːk]
estojo (m)	pencil case	[ˈpensəl keɪs]

pasta (f) escolar	schoolbag	[ˈskuːlbæg]
caneta (f)	pen	[pen]
caderno (m)	exercise book	[ˈeksəsaɪz bʊk]
manual (m) escolar	textbook	[ˈtekstbʊk]
compasso (m)	compasses	[ˈkʌmpəsɪz]

| traçar (vt) | to make technical drawings | [tə meɪk ˈteknɪkəl ˈdrɔːɪŋs] |
| desenho (m) técnico | technical drawing | [ˈteknɪkəl ˈdrɔːɪŋ] |

poesia (f)	poem	[ˈpəʊɪm]
de cor	by heart	[baɪ hɑːt]
aprender de cor	to learn by heart	[tə lɜːn baɪ hɑːt]

férias (f pl)	school holidays	[skuːl ˈhɒlɪdeɪz]
estar de férias	to be on holiday	[tə biː ɒn ˈhɒlɪdeɪ]
passar as férias	to spend holidays	[tə spend ˈhɒlɪdeɪz]

teste (m)	test	[test]
composição, redação (f)	essay	[ˈeseɪ]
ditado (m)	dictation	[dɪkˈteɪʃən]
exame (m)	exam	[ɪgˈzæm]
fazer exame	to do an exam	[tə duː ən ɪgˈzæm]
experiência (~ química)	experiment	[ɪkˈsperɪmənt]

95. Colégio. Universidade

academia (f)	academy	[əˈkædəmɪ]
universidade (f)	university	[ˌjuːnɪˈvɜːsətɪ]
faculdade (f)	faculty	[ˈfækəltɪ]

estudante (m)	student	[ˈstjuːdənt]
estudante (f)	student	[ˈstjuːdənt]
professor (m)	lecturer	[ˈlektʃərə(r)]

| sala (f) de palestras | lecture hall | [ˈlektʃə hɔːl] |
| graduado (m) | graduate | [ˈgrædʒʊət] |

| diploma (m) | diploma | [dɪˈpləʊmə] |
| tese (f) | dissertation | [ˌdɪsəˈteɪʃən] |

| estudo (obra) | study | [ˈstʌdɪ] |
| laboratório (m) | laboratory | [ləˈbɒrətrɪ] |

| palestra (f) | lecture | [ˈlektʃə(r)] |
| colega (m) de curso | coursemate | [kɔːsmeɪt] |

| bolsa (f) de estudos | scholarship, bursary | [ˈskɒləʃɪp], [ˈbɜːsərɪ] |
| grau (m) académico | academic degree | [ˌækəˈdemɪk dɪˈgriː] |

96. Ciências. Disciplinas

matemática (f)	mathematics	[ˌmæθəˈmætɪks]
álgebra (f)	algebra	[ˈældʒɪbrə]
geometria (f)	geometry	[dʒɪˈɒmətrɪ]

astronomia (f)	astronomy	[əˈstrɒnəmɪ]
biologia (f)	biology	[baɪˈɒlədʒɪ]
geografia (f)	geography	[dʒɪˈɒgrəfɪ]
geologia (f)	geology	[dʒɪˈɒlədʒɪ]
história (f)	history	[ˈhɪstərɪ]

medicina (f)	medicine	[ˈmedsɪn]
pedagogia (f)	pedagogy	[ˈpedəgɒdʒɪ]
direito (m)	law	[lɔː]

física (f)	physics	[ˈfɪzɪks]
química (f)	chemistry	[ˈkemɪstrɪ]
filosofia (f)	philosophy	[fɪˈlɒsəfɪ]
psicologia (f)	psychology	[saɪˈkɒlədʒɪ]

97. Sistema de escrita. Ortografia

gramática (f)	grammar	[ˈgræmə(r)]
vocabulário (m)	vocabulary	[vəˈkæbjʊlərɪ]
fonética (f)	phonetics	[fəˈnetɪks]

substantivo (m)	noun	[naʊn]
adjetivo (m)	adjective	[ˈædʒɪktɪv]
verbo (m)	verb	[vɜːb]
advérbio (m)	adverb	[ˈædvɜːb]

pronome (m)	pronoun	[ˈprəʊnaʊn]
interjeição (f)	interjection	[ˌɪntəˈdʒekʃən]
preposição (f)	preposition	[ˌprepəˈzɪʃən]

raiz (f) da palavra	root	[ruːt]
terminação (f)	ending	[ˈendɪŋ]
prefixo (m)	prefix	[ˈpriːfɪks]
sílaba (f)	syllable	[ˈsɪləbəl]
sufixo (m)	suffix	[ˈsʌfɪks]

| acento (m) | stress mark | [ˈstres ˌmɑːk] |
| apóstrofo (m) | apostrophe | [əˈpɒstrəfɪ] |

ponto (m)	full stop	[fʊl stɒp]
vírgula (f)	comma	[ˈkɒmə]
ponto e vírgula (m)	semicolon	[ˌsemɪˈkəʊlən]
dois pontos (m pl)	colon	[ˈkəʊlən]
reticências (f pl)	ellipsis	[ɪˈlɪpsɪs]

| ponto (m) de interrogação | question mark | [ˈkwestʃən mɑːk] |
| ponto (m) de exclamação | exclamation mark | [ˌekskləˈmeɪʃən mɑːk] |

aspas (f pl)	inverted commas	[ɪn'vɜːtɪd 'kɒməs]
entre aspas	in inverted commas	[ɪn ɪn'vɜːtɪd 'kɒməs]
parênteses (m pl)	parenthesis	[pə'renθɪsɪs]
entre parênteses	in parenthesis	[ɪn pə'renθɪsɪs]
hífen (m)	hyphen	['haɪfən]
travessão (m)	dash	[dæʃ]
espaço (m)	space	[speɪs]
letra (f)	letter	['letə(r)]
letra (f) maiúscula	capital letter	['kæpɪtəl 'letə(r)]
vogal (f)	vowel	['vaʊəl]
consoante (f)	consonant	['kɒnsənənt]
frase (f)	sentence	['sentəns]
sujeito (m)	subject	['sʌbdʒɪkt]
predicado (m)	predicate	['predɪkət]
linha (f)	line	[laɪn]
em uma nova linha	on a new line	[ɒn ə njuː laɪn]
parágrafo (m)	paragraph	['pærəgrɑːf]
palavra (f)	word	[wɜːd]
grupo (m) de palavras	group of words	[gruːp əf wɜːdz]
expressão (f)	expression	[ɪk'spreʃən]
sinónimo (m)	synonym	['sɪnənɪm]
antónimo (m)	antonym	['æntənɪm]
regra (f)	rule	[ruːl]
exceção (f)	exception	[ɪk'sepʃən]
correto	correct	[kə'rekt]
conjugação (f)	conjugation	[ˌkɒndʒʊ'geɪʃən]
caso (m)	nominal case	['nɒmɪnəl keɪs]
pergunta (f)	question	['kwestʃən]
sublinhar (vt)	to underline (vt)	[tə ˌʌndə'laɪn]
linha (f) pontilhada	dotted line	['dɒtɪd laɪn]

98. Línguas estrangeiras

língua (f)	language	['læŋgwɪdʒ]
estrangeiro	foreign	['fɒrən]
estudar (vt)	to study (vt)	[tə 'stʌdɪ]
aprender (vt)	to learn (vt)	[tə lɜːn]
ler (vt)	to read (vi, vt)	[tə riːd]
falar (vi)	to speak (vi, vt)	[tə spiːk]
compreender (vt)	to understand (vt)	[tə ˌʌndə'stænd]
escrever (vt)	to write (vt)	[tə raɪt]
rapidamente	quickly, fast	['kwɪklɪ], [fɑːst]
devagar	slowly	['sləʊlɪ]
fluentemente	fluently	['fluːəntlɪ]

regras (f pl)	rules	[ruːlz]
gramática (f)	grammar	['græmə(r)]
vocabulário (m)	vocabulary	[və'kæbjulərı]
fonética (f)	phonetics	[fə'netıks]
manual (m) escolar	textbook	['tekstbʊk]
dicionário (m)	dictionary	['dıkʃənərı]
manual (m) de autoaprendizagem	teach-yourself book	[tiːtʃ jɔː'self bʊk]
guia (m) de conversação	phrasebook	['freızbʊk]
cassete (f)	cassette, tape	[kæ'set], [teıp]
vídeo cassete (m)	videotape	['vıdıəʊteıp]
CD (m)	CD, compact disc	[ˌsiː'diː], [kəm'pækt dısk]
DVD (m)	DVD	[ˌdiːviː'diː]
alfabeto (m)	alphabet	['ælfəbet]
soletrar (vt)	to spell (vt)	[tə spel]
pronúncia (f)	pronunciation	[prəˌnʌnsı'eıʃən]
sotaque (m)	accent	['æksent]
com sotaque	with an accent	[wıð ən 'æksent]
sem sotaque	without an accent	[wı'ðaʊt ən 'æksent]
palavra (f)	word	[wɜːd]
sentido (m)	meaning	['miːnıŋ]
cursos (m pl)	course	[kɔːs]
inscrever-se (vr)	to sign up (vi)	[tə saın ʌp]
professor (m)	teacher	['tiːtʃə(r)]
tradução (texto)	translation	[træns'leıʃən]
tradutor (m)	translator	[træns'leıtə(r)]
intérprete (m)	interpreter	[ın'tɜːprıtə(r)]
poliglota (m)	polyglot	['pɒlıglɒt]
memória (f)	memory	['memərı]

Descanso. Entretenimento. Viagens

99. Viagens

turismo (m)	tourism, travel	['tʊərɪzəm], ['trævəl]
turista (m)	tourist	['tʊərɪst]
viagem (f)	trip	[trɪp]
aventura (f)	adventure	[əd'ventʃə(r)]
viagem (f)	trip, journey	[trɪp], ['dʒɜːnɪ]
férias (f pl)	holiday	['hɒlɪdeɪ]
estar de férias	to be on holidays	[tə bi ɒn 'hɒlɪdeɪz]
descanso (m)	rest	[rest]
comboio (m)	train	[treɪn]
de comboio (chegar ~)	by train	[baɪ treɪn]
avião (m)	aeroplane	['eərəpleɪn]
de avião	by aeroplane	[baɪ 'eərəpleɪn]
de carro	by car	[baɪ kɑː(r)]
de navio	by ship	[baɪ ʃɪp]
bagagem (f)	luggage	['lʌgɪdʒ]
mala (f)	suitcase	['suːtkeɪs]
carrinho (m)	luggage trolley	['lʌgɪdʒ 'trɒlɪ]
passaporte (m)	passport	['pɑːspɔːt]
visto (m)	visa	['viːzə]
bilhete (m)	ticket	['tɪkɪt]
bilhete (m) de avião	air ticket	['eə 'tɪkɪt]
guia (m) de viagem	guidebook	['gaɪdbʊk]
mapa (m)	map	[mæp]
local (m), area (f)	area	['eərɪə]
lugar, sítio (m)	place, site	[pleɪs], [saɪt]
exotismo (m)	exotica	[ɪg'zɒtɪkə]
exótico	exotic	[ɪg'zɒtɪk]
surpreendente	amazing	[ə'meɪzɪŋ]
grupo (m)	group	[gruːp]
excursão (f)	excursion	[ɪk'skɜːʃən]
guia (m)	guide	[gaɪd]

100. Hotel

hotel (m)	hotel	[həʊ'tel]
motel (m)	motel	[məʊ'tel]
três estrelas	three-star	[θriː stɑː(r)]
cinco estrelas	five-star	[ˌfaɪv 'stɑː(r)]

ficar (~ num hotel)	to stay (vi)	[tə steɪ]
quarto (m)	room	[ruːm]
quarto (m) individual	single room	[ˈsɪŋɡəl ruːm]
quarto (m) duplo	double room	[ˈdʌbəl ruːm]
reservar um quarto	to book a room	[tə bʊk ə ruːm]
meia pensão (f)	half board	[hɑːf bɔːd]
pensão (f) completa	full board	[fʊl bɔːd]
com banheira	with bath	[wɪð bɑːθ]
com duche	with shower	[wɪð ˈʃaʊə(r)]
televisão (m) satélite	satellite television	[ˈsætəlaɪt ˈtelɪˌvɪʒən]
ar (m) condicionado	air-conditioner	[eə kənˈdɪʃənə]
toalha (f)	towel	[ˈtaʊəl]
chave (f)	key	[kiː]
administrador (m)	administrator	[ədˈmɪnɪstreɪtə(r)]
camareira (f)	chambermaid	[ˈtʃeɪmbəˌmeɪd]
bagageiro (m)	porter	[ˈpɔːtə(r)]
porteiro (m)	doorman	[ˈdɔːmən]
restaurante (m)	restaurant	[ˈrestrɒnt]
bar (m)	pub	[pʌb]
pequeno-almoço (m)	breakfast	[ˈbrekfəst]
jantar (m)	dinner	[ˈdɪnə(r)]
buffet (m)	buffet	[ˈbʊfeɪ]
elevador (m)	lift	[lɪft]
NÃO PERTURBE	DO NOT DISTURB	[du nɒt dɪˈstɜːb]
PROIBIDO FUMAR!	NO SMOKING	[nəʊ ˈsməʊkɪŋ]

EQUIPAMENTO TÉCNICO. TRANSPORTES

Equipamento técnico. Transportes

101. Computador

computador (m)	computer	[kəm'pju:tə(r)]
portátil (m)	notebook, laptop	['nəʊtbʊk], ['læptɒp]
ligar (vt)	to switch on (vt)	[tə swɪtʃ ɒn]
desligar (vt)	to turn off (vt)	[tə tɜ:n ɒf]
teclado (m)	keyboard	['ki:bɔ:d]
tecla (f)	key	[ki:]
rato (m)	mouse	[maʊs]
tapete (m) de rato	mouse mat	['maʊs mæt]
botão (m)	button	['bʌtən]
cursor (m)	cursor	['kɜ:sə(r)]
monitor (m)	monitor	['mɒnɪtə(r)]
ecrã (m)	screen	[skri:n]
disco (m) rígido	hard disk	[hɑ:d dɪsk]
capacidade (f) do disco rígido	hard disk capacity	[hɑ:d dɪsk kə'pæsɪtɪ]
memória (f)	memory	['memərɪ]
memória RAM (f)	random access memory	['rændəm 'ækses 'memərɪ]
ficheiro (m)	file	[faɪl]
pasta (f)	folder	['fəʊldə(r)]
abrir (vt)	to open (vt)	[tə 'əʊpən]
fechar (vt)	to close (vt)	[tə kləʊz]
guardar (vt)	to save (vt)	[tə seɪv]
apagar, eliminar (vt)	to delete (vt)	[tə dɪ'li:t]
copiar (vt)	to copy (vt)	[tə 'kɒpɪ]
ordenar (vt)	to sort (vt)	[tə sɔ:t]
programa (m)	programme	['prəʊgræm]
software (m)	software	['sɒftweə(r)]
programador (m)	programmer	['prəʊgræmə(r)]
programar (vt)	to program (vt)	[tə 'prəʊgræm]
hacker (m)	hacker	['hækə(r)]
senha (f)	password	['pɑ:swɜ:d]
vírus (m)	virus	['vaɪrəs]
detetar (vt)	to find, to detect	[tə faɪnd], [tə dɪ'tekt]
byte (m)	byte	[baɪt]
megabyte (m)	megabyte	['megəbaɪt]

dados (m pl)	data	['deɪtə]
base (f) de dados	database	['deɪtəbeɪs]
cabo (m)	cable	['keɪbəl]
desconectar (vt)	to disconnect (vt)	[tə ˌdɪskə'nekt]
conetar (vt)	to connect (vt)	[tə kə'nekt]

102. Internet. E-mail

internet (f)	Internet	['ɪntənet]
browser (m)	browser	['braʊzə(r)]
motor (m) de busca	search engine	[sɜːʧ 'endʒɪn]
provedor (m)	provider	[prə'vaɪdə(r)]
webmaster (m)	webmaster	[web peɪʤ]
website, sítio web (m)	website	['websaɪt]
página (f) web	webpage	[web peɪʤ]
endereço (m)	address	[ə'dres]
livro (m) de endereços	address book	[ə'dres bʊk]
caixa (f) de correio	postbox	['pəʊstbɒks]
correio (m)	post	[pəʊst]
cheia (caixa de correio)	full	[fʊl]
mensagem (f)	message	['mesɪʤ]
mensagens (f pl) recebidas	incoming messages	['ɪnˌkʌmɪŋ 'mesɪʤɪz]
mensagens (f pl) enviadas	outgoing messages	['aʊtˌgəʊɪŋ 'mesɪʤɪz]
remetente (m)	sender	['sendə(r)]
enviar (vt)	to send (vt)	[tə send]
envio (m)	sending	['sendɪŋ]
destinatário (m)	receiver	[rɪ'siːvə(r)]
receber (vt)	to receive (vt)	[tə rɪ'siːv]
correspondência (f)	correspondence	[ˌkɒrɪ'spɒndəns]
corresponder-se (vr)	to correspond (vi)	[tə ˌkɒrɪ'spɒnd]
ficheiro (m)	file	[faɪl]
fazer download, baixar	to download (vt)	[tə 'daʊnləʊd]
criar (vt)	to create (vt)	[tə kriː'eɪt]
apagar, eliminar (vt)	to delete (vt)	[tə dɪ'liːt]
eliminado	deleted	[dɪ'liːtɪd]
conexão (f)	connection	[kə'nekʃən]
velocidade (f)	speed	[spiːd]
modem (m)	modem	['məʊdem]
acesso (m)	access	['ækses]
porta (f)	port	[pɔːt]
conexão (f)	connection	[kə'nekʃən]
conetar (vi)	to connect to ...	[tə kə'nekt tə]
escolher (vt)	to select (vt)	[tə sɪ'lekt]
buscar (vt)	to search for ...	[tə sɜːʧ fɔː(r)]

103. Eletricidade

Portuguese	English	IPA
eletricidade (f)	electricity	[ˌɪlek'trɪsətɪ]
elétrico	electric, electrical	[ɪ'lektrɪk], [ɪ'lektrɪkəl]
central (f) elétrica	electric power station	[ɪ'lektrɪk 'paʊə 'steɪʃən]
energia (f)	energy	['enədʒɪ]
energia (f) elétrica	electric power	[ɪ'lektrɪk 'paʊə]
lâmpada (f)	light bulb	['laɪt ˌbʌlb]
lanterna (f)	torch	[tɔːtʃ]
poste (m) de iluminação	street light	['striːt laɪt]
luz (f)	light	[laɪt]
ligar (vt)	to turn on (vt)	[tə tɜːn ɒn]
desligar (vt)	to turn off (vt)	[tə tɜːn ɒf]
apagar a luz	to turn off the light	[tə tɜːn ɒf ðə laɪt]
fundir (vi)	to burn out (vi)	[tə bɜːn aʊt]
curto-circuito (m)	short circuit	[ʃɔːt 'sɜːkɪt]
rutura (f)	broken wire	['brəʊkən 'waɪə]
contacto (m)	contact	['kɒntækt]
interruptor (m)	switch	[swɪtʃ]
tomada (f)	socket outlet	['sɒkɪt 'aʊtlet]
ficha (f)	plug	[plʌg]
extensão (f)	extension lead	[ɪk'stenʃən led]
fusível (m)	fuse	[fjuːz]
fio, cabo (m)	cable, wire	['keɪbəl], ['waɪə]
instalação (f) elétrica	wiring	['waɪərɪŋ]
ampere (m)	ampere	['æmpeə(r)]
amperagem (f)	amperage	['æmpərɪdʒ]
volt (m)	volt	[vəʊlt]
voltagem (f)	voltage	['vəʊltɪdʒ]
aparelho (m) elétrico	electrical device	[ɪ'lektrɪkəl dɪ'vaɪs]
indicador (m)	indicator	['ɪndɪkeɪtə(r)]
eletricista (m)	electrician	[ˌɪlek'trɪʃən]
soldar (vt)	to solder (vt)	[tə 'səʊldə]
ferro (m) de soldar	soldering iron	['səʊldərɪŋ 'aɪərn]
corrente (f) elétrica	current	['kʌrənt]

104. Ferramentas

Portuguese	English	IPA
ferramenta (f)	tool, instrument	[tuːl], ['ɪnstrʊmənt]
ferramentas (f pl)	tools	[tuːlz]
equipamento (m)	equipment	[ɪ'kwɪpmənt]
martelo (m)	hammer	['hæmə(r)]
chave (f) de fendas	screwdriver	['skruːˌdraɪvə(r)]
machado (m)	axe	[æks]

serra (f)	saw	[sɔ:]
serrar (vt)	to saw (vt)	[tə sɔ:]
plaina (f)	plane	[pleɪn]
aplainar (vt)	to plane (vt)	[tə pleɪn]
ferro (m) de soldar	soldering iron	['səʊldərɪŋ 'aɪrən]
soldar (vt)	to solder (vt)	[tə 'səʊldə]

lima (f)	file	[faɪl]
tenaz (f)	carpenter pincers	['kɑ:pəntə 'pɪnsəz]
alicate (m)	combination pliers	[ˌkɒmbɪ'neɪʃən 'plaɪəz]
formão (m)	chisel	['ʧɪzəl]

broca (f)	drill bit	[drɪl bɪt]
berbequim (f)	electric drill	[ɪ'lektrɪk drɪl]
furar (vt)	to drill (vi, vt)	[tə drɪl]

| faca (f) | knife | [naɪf] |
| lâmina (f) | blade | [bleɪd] |

afiado	sharp	[ʃɑ:p]
cego	dull, blunt	[dʌl], [blʌnt]
embotar-se (vr)	to get blunt	[tə get blʌnt]
afiar, amolar (vt)	to sharpen (vt)	[tə 'ʃɑ:pən]

parafuso (m)	bolt	[bəʊlt]
porca (f)	nut	[nʌt]
rosca (f)	thread	[θred]
parafuso (m) para madeira	wood screw	[wʊd skru:]

| prego (m) | nail | [neɪl] |
| cabeça (f) do prego | nailhead | ['neɪlhed] |

régua (f)	ruler	['ru:lə(r)]
fita (f) métrica	tape measure	[teɪp 'meʒə(r)]
nível (m)	spirit level	['spɪrɪt 'levəl]
lupa (f)	magnifying glass	['mægnɪfaɪɪŋ glɑ:s]

medidor (m)	measuring instrument	['meʒərɪŋ 'ɪnstrʊmənt]
medir (vt)	to measure (vt)	[tə 'meʒə(r)]
escala (f)	scale	[skeɪl]
indicação (f), registo (m)	readings	['ri:dɪŋz]

| compressor (m) | compressor | [kəm'presə] |
| microscópio (m) | microscope | ['maɪkrəskəʊp] |

bomba (f)	pump	[pʌmp]
robô (m)	robot	['rəʊbɒt]
laser (m)	laser	['leɪzə(r)]

chave (f) de boca	spanner	['spænə(r)]
fita (f) adesiva	adhesive tape	[əd'hi:sɪv teɪp]
cola (f)	glue	[glu:]

lixa (f)	sandpaper	['sænd,peɪpə(r)]
mola (f)	spring	[sprɪŋ]
íman (m)	magnet	['mægnɪt]

luvas (f pl)	gloves	[glʌvz]
corda (f)	rope	['rəʊp]
cordel (m)	cord	[kɔːd]
fio (m)	wire	['waɪə(r)]
cabo (m)	cable	['keɪbəl]

marreta (f)	sledgehammer	['sledʒˌhæmə(r)]
pé de cabra (m)	prybar	[praɪbɑː(r)]
escada (f) de mão	ladder	['lædə]
escadote (m)	stepladder	['stepˌlædə(r)]

enroscar (vt)	to screw (vt)	[tə skruː]
desenroscar (vt)	to unscrew (vt)	[tə ˌʌn'skruː]
apertar (vt)	to tighten (vt)	[tə 'taɪtən]
colar (vt)	to glue, to stick	[tə gluː], [tə stɪk]
cortar (vt)	to cut (vt)	[tə kʌt]

falha (mau funcionamento)	malfunction	[ˌmæl'fʌŋkʃən]
conserto (m)	repair	[rɪ'peə(r)]
consertar, reparar (vt)	to repair (vt)	[tə rɪ'peə(r)]
regular, ajustar (vt)	to adjust (vt)	[tə ə'dʒʌst]

verificar (vt)	to check (vt)	[tə tʃek]
verificação (f)	checking	['tʃekɪŋ]
indicação (f), registo (m)	readings	['riːdɪŋz]

| seguro | reliable | [rɪ'laɪəbəl] |
| complicado | complex | ['kɒmpleks] |

enferrujar (vi)	to rust (vi)	[tə rʌst]
enferrujado	rusty	['rʌstɪ]
ferrugem (f)	rust	[rʌst]

Transportes

105. Avião

avião (m)	aeroplane	['eərəpleɪn]
bilhete (m) de avião	air ticket	['eə 'tɪkɪt]
companhia (f) aérea	airline	['eəlaɪn]
aeroporto (m)	airport	['eəpɔ:t]
supersónico	supersonic	[ˌsu:pə'sɒnɪk]

comandante (m) do avião	captain	['kæptɪn]
tripulação (f)	crew	[kru:]
piloto (m)	pilot	['paɪlət]
hospedeira (f) de bordo	stewardess	['stjuədɪs]
copiloto (m)	navigator	['nævɪgeɪtə(r)]

asas (f pl)	wings	[wɪŋz]
cauda (f)	tail	[teɪl]
cabine (f) de pilotagem	cockpit	['kɒkpɪt]
motor (m)	engine	['endʒɪn]
trem (m) de aterragem	landing gear	['lændɪŋ gɪə(r)]
turbina (f)	turbine	['tɜ:baɪn]

hélice (f)	propeller	[prə'pelə(r)]
caixa-preta (f)	black box	[blæk bɒks]
coluna (f) de controlo	yoke, control column	[jəʊk], [kən'trəʊl 'kɒləm]
combustível (m)	fuel	[fjuəl]

instruções (f pl) de segurança	safety card	['seɪftɪ kɑ:d]
máscara (f) de oxigénio	oxygen mask	['ɒksɪdʒən mɑ:sk]
uniforme (m)	uniform	['junɪfɔ:m]

colete (m) salva-vidas	lifejacket	[laɪf 'dʒækɪt]
paraquedas (m)	parachute	['pærəʃu:t]

descolagem (f)	takeoff	['teɪkɒf]
descolar (vi)	to take off (vi)	[tə teɪk ɒf]
pista (f) de descolagem	runway	['rʌnˌweɪ]

visibilidade (f)	visibility	[ˌvɪzɪ'bɪlɪtɪ]
voo (m)	flight	[flaɪt]

altura (f)	altitude	['æltɪtju:d]
poço (m) de ar	air pocket	[eə 'pɒkɪt]

assento (m)	seat	[si:t]
auscultadores (m pl)	headphones	['hedfəʊnz]
mesa (f) rebatível	folding tray	['fəʊldɪŋ treɪ]
vigia (f)	window	['wɪndəʊ]
passagem (f)	aisle	[aɪl]

106. Comboio

comboio (m)	train	[treɪn]
comboio (m) suburbano	commuter train	[kəˈmjuːtə(r) treɪn]
comboio (m) rápido	express train	[ɪkˈspres treɪn]
locomotiva (f) diesel	diesel locomotive	[ˈdiːzəl ˌləʊkəˈməʊtɪv]
locomotiva (f) a vapor	steam locomotive	[stiːm ˌləʊkəˈməʊtɪv]
carruagem (f)	coach, carriage	[kəʊtʃ], [ˈkærɪdʒ]
carruagem restaurante (f)	buffet car	[ˈbʊfeɪ kɑː(r)]
carris (m pl)	rails	[reɪlz]
caminho de ferro (m)	railway	[ˈreɪlweɪ]
travessa (f)	sleeper	[ˈsliːpə(r)]
plataforma (f)	platform	[ˈplætfɔːm]
linha (f)	platform	[ˈplætfɔːm]
semáforo (m)	semaphore	[ˈseməfɔː(r)]
estação (f)	station	[ˈsteɪʃən]
maquinista (m)	train driver	[treɪn ˈdraɪvə(r)]
bagageiro (m)	porter	[ˈpɔːtə(r)]
hospedeiro, -a (da carruagem)	carriage attendant	[kɑː(r) əˈtendənt]
passageiro (m)	passenger	[ˈpæsɪndʒə(r)]
revisor (m)	ticket inspector	[ˈtɪkɪt ɪnˈspektə]
corredor (m)	corridor	[ˈkɒrɪˌdɔː(r)]
freio (m) de emergência	emergency brake	[ɪˈmɜːdʒənsɪ breɪk]
compartimento (m)	compartment	[kəmˈpɑːtmənt]
cama (f)	berth	[bɜːθ]
cama (f) de cima	upper berth	[ˈʌpə bɜːθ]
cama (f) de baixo	lower berth	[ˈləʊə ˈbɜːθ]
roupa (f) de cama	bed linen, bedding	[bed ˈlɪnɪn], [ˈbedɪŋ]
bilhete (m)	ticket	[ˈtɪkɪt]
horário (m)	timetable	[ˈtaɪmˌteɪbəl]
painel (m) de informação	information display	[ˌɪnfəˈmeɪʃən dɪˈspleɪ]
partir (vt)	to leave, to depart	[tə liːv], [tə dɪˈpɑːt]
partida (f)	departure	[dɪˈpɑːtʃə(r)]
chegar (vi)	to arrive (vi)	[tə əˈraɪv]
chegada (f)	arrival	[əˈraɪvəl]
chegar de comboio	to arrive by train	[tə əˈraɪv baɪ treɪn]
apanhar o comboio	to get on the train	[tə ˌget ɒn ðə ˈtreɪn]
sair do comboio	to get off the train	[tə ˌget əv ðə ˈtreɪn]
acidente (m) ferroviário	train crash	[treɪn kræʃ]
descarrilar (vi)	to derail (vi)	[tə dɪˈreɪl]
locomotiva (f) a vapor	steam locomotive	[stiːm ˌləʊkəˈməʊtɪv]
fogueiro (m)	stoker, fireman	[ˈstəʊkə], [ˈfaɪəmən]
fornalha (f)	firebox	[ˈfaɪəbɒks]
carvão (m)	coal	[kəʊl]

107. Barco

navio (m)	ship	[ʃɪp]
embarcação (f)	vessel	['vesəl]
vapor (m)	steamship	['stiːmʃɪp]
navio (m)	riverboat	['rɪvəˌbəʊt]
transatlântico (m)	cruise ship	[kruːz ʃɪp]
cruzador (m)	cruiser	['kruːzə(r)]
iate (m)	yacht	[jɒt]
rebocador (m)	tugboat	['tʌgbəʊt]
barcaça (f)	barge	[bɑːdʒ]
ferry (m)	ferry	['ferɪ]
veleiro (m)	sailing ship	['seɪlɪŋ ʃɪp]
bergantim (m)	brigantine	['brɪgəntiːn]
quebra-gelo (m)	ice breaker	['aɪsˌbreɪkə(r)]
submarino (m)	submarine	[ˌsʌbmə'riːn]
bote, barco (m)	boat	[bəʊt]
bote, dingue (m)	dinghy	['dɪŋgɪ]
bote (m) salva-vidas	lifeboat	['laɪfbəʊt]
lancha (f)	motorboat	['məʊtəbəʊt]
capitão (m)	captain	['kæptɪn]
marinheiro (m)	seaman	['siːmən]
marujo (m)	sailor	['seɪlə(r)]
tripulação (f)	crew	[kruː]
contramestre (m)	boatswain	['bəʊsən]
grumete (m)	ship's boy	[ʃɪps bɔɪ]
cozinheiro (m) de bordo	cook	[kʊk]
médico (m) de bordo	ship's doctor	[ʃɪps 'dɒktə(r)]
convés (m)	deck	[dek]
mastro (m)	mast	[mɑːst]
vela (f)	sail	[seɪl]
porão (m)	hold	[həʊld]
proa (f)	bow	['baʊ]
popa (f)	stern	[stɜːn]
remo (m)	oar	[ɔː(r)]
hélice (f)	propeller	[prə'pelə(r)]
camarote (m)	cabin	['kæbɪn]
sala (f) dos oficiais	wardroom	['wɔːdrʊm]
sala (f) das máquinas	engine room	['endʒɪn ˌruːm]
ponte (m) de comando	bridge	[brɪdʒ]
sala (f) de comunicações	radio room	['reɪdɪəʊ rʊm]
onda (f) de rádio	wave	[weɪv]
diário (m) de bordo	logbook	['lɒgbʊk]
luneta (f)	spyglass	['spaɪglɑːs]
sino (m)	bell	[bel]

bandeira (f)	flag	[flæg]
cabo (m)	hawser	['hɔːzə(r)]
nó (m)	knot	[nɒt]
corrimão (m)	deckrails	['dekreɪlz]
prancha (f) de embarque	gangway	['gæŋweɪ]
âncora (f)	anchor	['æŋkə(r)]
recolher a âncora	to weigh anchor	[tə weɪ 'æŋkə(r)]
lançar a âncora	to drop anchor	[tə drɒp 'æŋkə(r)]
amarra (f)	anchor chain	['æŋkə ˌtʃeɪn]
porto (m)	port	[pɔːt]
cais, amarradouro (m)	quay, wharf	[kiː], [wɔːf]
atracar (vi)	to berth, to moor	[tə bɜːθ], [tə mɔː(r)]
desatracar (vi)	to cast off	[tə kɑːst ɒf]
viagem (f)	trip	[trɪp]
cruzeiro (m)	cruise	[kruːz]
rumo (m), rota (f)	course	[kɔːs]
itinerário (m)	route	[ruːt]
canal (m) navegável	fairway	['feəweɪ]
banco (m) de areia	shallows	['ʃæləʊz]
encalhar (vt)	to run aground	[tə rʌn ə'graʊnd]
tempestade (f)	storm	[stɔːm]
sinal (m)	signal	['sɪgnəl]
afundar-se (vr)	to sink (vi)	[tə sɪŋk]
Homem ao mar!	Man overboard!	[ˌmæn 'əʊvəbɔːd]
SOS	SOS	[ˌesəʊ'es]
boia (f) salva-vidas	ring buoy	[rɪŋ bɔɪ]

108. Aeroporto

aeroporto (m)	airport	['eəpɔːt]
avião (m)	aeroplane	['eərəpleɪn]
companhia (f) aérea	airline	['eəlaɪn]
controlador (m) de tráfego aéreo	air traffic controller	['eə 'træfɪk kən'trəʊlə]
partida (f)	departure	[dɪ'pɑːtʃə(r)]
chegada (f)	arrival	[ə'raɪvəl]
chegar (~ de avião)	to arrive (vi)	[tə ə'raɪv]
hora (f) de partida	departure time	[dɪ'pɑːtʃə ˌtaɪm]
hora (f) de chegada	arrival time	[ə'raɪvəl taɪm]
estar atrasado	to be delayed	[tə bi dɪ'leɪd]
atraso (m) de voo	flight delay	[flaɪt dɪ'leɪ]
painel (m) de informação	information board	[ˌɪnfə'meɪʃən bɔːd]
informação (f)	information	[ˌɪnfə'meɪʃən]
anunciar (vt)	to announce (vt)	[tə ə'naʊns]

voo (m)	flight	[flaɪt]
alfândega (f)	customs	[ˈkʌstəmz]
funcionário (m) da alfândega	customs officer	[ˈkʌstəmz ˈɒfɪsə(r)]

declaração (f) alfandegária	customs declaration	[ˈkʌstəmz ˌdekləˈreɪʃən]
preencher (vt)	to fill in (vt)	[tə fɪl ˈɪn]
preencher a declaração	to fill in the declaration	[tə fɪl ˈɪn ðə ˌdekləˈreɪʃən]
controlo (m) de passaportes	passport control	[ˈpɑːspɔːt kənˈtrəʊl]

bagagem (f)	luggage	[ˈlʌɡɪdʒ]
bagagem (f) de mão	hand luggage	[ˈhænd ˌlʌɡɪdʒ]
carrinho (m)	luggage trolley	[ˈlʌɡɪdʒ ˈtrɒli]

aterragem (f)	landing	[ˈlændɪŋ]
pista (f) de aterragem	landing strip	[ˈlændɪŋ strɪp]
aterrar (vi)	to land (vi)	[tə lænd]
escada (f) de avião	airstairs	[eəˈsteəz]

check-in (m)	check-in	[ˈtʃek ɪŋ]
balcão (m) do check-in	check-in counter	[tʃekˈɪn ˈkaʊntə(r)]
fazer o check-in	to check-in (vi)	[tə tʃek ɪn]
cartão (m) de embarque	boarding card	[ˈbɔːdɪŋ kɑːd]
porta (f) de embarque	departure gate	[dɪˈpɑːtʃə ˌɡeɪt]

trânsito (m)	transit	[ˈtrænsɪt]
esperar (vi, vt)	to wait (vt)	[tə weɪt]
sala (f) de espera	departure lounge	[dɪˈpɑːtʃə laʊndʒ]

Eventos

109. Férias. Evento

festa (f)	celebration, holiday	[ˌselɪ'breɪʃən], ['hɒlɪdeɪ]
festa (f) nacional	national day	['næʃənəl deɪ]
feriado (m)	public holiday	['pʌblɪk 'hɒlɪdeɪ]
festejar (vt)	to commemorate (vt)	[tə kə'meməˌreɪt]
evento (festa, etc.)	event	[ɪ'vent]
evento (banquete, etc.)	event	[ɪ'vent]
banquete (m)	banquet	['bæŋkwɪt]
receção (f)	reception	[rɪ'sepʃən]
festim (m)	feast	[fi:st]
aniversário (m)	anniversary	[ænɪ'vɜ:sərɪ]
jubileu (m)	jubilee	['dʒu:bɪli:]
celebrar (vt)	to celebrate (vt)	[tə 'selɪbreɪt]
Ano (m) Novo	New Year	[nju: jɪə(r)]
Feliz Ano Novo!	Happy New Year!	['hæpɪ nju: jɪə(r)]
Pai (m) Natal	Father Christmas	['fɑ:ðə(r) 'krɪsməs]
Natal (m)	Christmas	['krɪsməs]
Feliz Natal!	Merry Christmas!	[ˌmerɪ 'krɪsməs]
árvore (f) de Natal	Christmas tree	['krɪsməs tri:]
fogo (m) de artifício	fireworks	['faɪəwɜ:ks]
boda (f)	wedding	['wedɪŋ]
noivo (m)	groom	[gru:m]
noiva (f)	bride	[braɪd]
convidar (vt)	to invite (vt)	[tə ɪn'vaɪt]
convite (m)	invitation card	[ˌɪnvɪ'teɪʃən kɑ:d]
convidado (m)	guest	[gest]
visitar (vt)	to visit with …	[tə 'vɪzɪt wɪð]
receber os hóspedes	to meet the guests	[tə mi:t ðə gests]
presente (m)	gift, present	[gɪft], ['prezənt]
oferecer (vt)	to give (vt)	[tə gɪv]
receber presentes	to receive gifts	[tə rɪ'si:v gɪfts]
ramo (m) de flores	bouquet	[bʊ'keɪ]
felicitações (f pl)	congratulations	[kənˌgrætʃʊ'leɪʃənz]
felicitar (dar os parabéns)	to congratulate (vt)	[tə kən'grætʃʊleɪt]
cartão (m) de parabéns	greetings card	['gri:tɪŋz kɑ:d]
enviar um postal	to send a postcard	[tə ˌsend ə 'pəʊstkɑ:d]
receber um postal	to get a postcard	[tə get ə 'pəʊstkɑ:d]

brinde (m)	toast	[təʊst]
oferecer (vt)	to offer (vt)	[tə 'ɒfə(r)]
champanhe (m)	champagne	[ʃæm'peɪn]
divertir-se (vr)	to enjoy oneself	[tə ɪn'dʒɔɪ wʌn'self]
diversão (f)	merriment, gaiety	['merɪmənt], ['geɪətɪ]
alegria (f)	joy	[dʒɔɪ]
dança (f)	dance	[dɑːns]
dançar (vi)	to dance (vi, vt)	[tə dɑːns]
valsa (f)	waltz	[wɔːls]
tango (m)	tango	['tæŋgəʊ]

110. Funerais. Enterro

cemitério (m)	cemetery	['semɪtrɪ]
sepultura (f), túmulo (m)	grave, tomb	[greɪv], [tuːm]
lápide (f)	gravestone	['greɪvstəʊn]
cerca (f)	fence	[fens]
capela (f)	chapel	['ʧæpəl]
morte (f)	death	[deθ]
morrer (vi)	to die (vi)	[tə daɪ]
defunto (m)	the deceased	[ðə dɪ'siːst]
luto (m)	mourning	['mɔːnɪŋ]
enterrar, sepultar (vt)	to bury (vt)	[tə 'berɪ]
agência (f) funerária	undertakers	['ʌndəˌteɪkəs]
funeral (m)	funeral	['fjuːnərəl]
coroa (f) de flores	wreath	[riːθ]
caixão (m)	coffin	['kɒfɪn]
carro (m) funerário	hearse	[hɜːs]
mortalha (f)	shroud	[ʃraʊd]
procissão (f) funerária	funeral procession	['fjuːnərəl prə'seʃən]
urna (f) funerária	funerary urn	['fjuːnərərɪ ˌɜːn]
crematório (m)	crematorium	[ˌkremə'tɔːrɪəm]
obituário (m), necrologia (f)	obituary	[ə'bɪtʃʊərɪ]
chorar (vi)	to cry (vi)	[tə kraɪ]
soluçar (vi)	to sob (vi)	[tə sɒb]

111. Guerra. Soldados

pelotão (m)	platoon	[plə'tuːn]
companhia (f)	company	['kʌmpənɪ]
regimento (m)	regiment	['redʒɪmənt]
exército (m)	army	['ɑːmɪ]
divisão (f)	division	[dɪ'vɪʒən]
destacamento (m)	section, squad	['sekʃən], [skwɒd]

hoste (f)	host	[həʊst]
soldado (m)	soldier	['səʊldʒə(r)]
oficial (m)	officer	['ɒfɪsə(r)]
soldado (m) raso	private	['praɪvɪt]
sargento (m)	sergeant	['sɑːdʒənt]
tenente (m)	lieutenant	[lef'tenənt]
capitão (m)	captain	['kæptɪn]
major (m)	major	['meɪdʒə(r)]
coronel (m)	colonel	['kɜːnəl]
general (m)	general	['dʒenərəl]
marujo (m)	sailor	['seɪlə(r)]
capitão (m)	captain	['kæptɪn]
contramestre (m)	boatswain	['bəʊsən]
artilheiro (m)	artilleryman	[ɑːˈtɪlərɪmən]
soldado (m) paraquedista	paratrooper	['pærətruːpə(r)]
piloto (m)	pilot	['paɪlət]
navegador (m)	navigator	['nævɪɡeɪtə(r)]
mecânico (m)	mechanic	[mɪ'kænɪk]
sapador (m)	pioneer	[ˌpaɪə'nɪə(r)]
paraquedista (m)	parachutist	['pærəʃuːtɪst]
explorador (m)	scout	[skaʊt]
franco-atirador (m)	sniper	['snaɪpə(r)]
patrulha (f)	patrol	[pə'trəʊl]
patrulhar (vt)	to patrol (vi, vt)	[tə pə'trəʊl]
sentinela (f)	sentry, guard	['sentrɪ], [ɡɑːd]
guerreiro (m)	warrior	['wɒrɪə(r)]
patriota (m)	patriot	['pætrɪət]
herói (m)	hero	['hɪərəʊ]
heroína (f)	heroine	['herəʊɪn]
traidor (m)	traitor	['treɪtə(r)]
trair (vt)	to betray (vt)	[tə bɪ'treɪ]
desertor (m)	deserter	[dɪ'zɜːtə(r)]
desertar (vt)	to desert (vi)	[tə dɪ'zɜːt]
mercenário (m)	mercenary	['mɜːsɪnərɪ]
recruta (m)	recruit	[rɪ'kruːt]
voluntário (m)	volunteer	[ˌvɒlən'tɪə(r)]
morto (m)	dead	[ded]
ferido (m)	wounded	['wuːndɪd]
prisioneiro (m) de guerra	prisoner of war	['prɪzənə əv wɔː]

112. Guerra. Ações militares. Parte 1

guerra (f)	war	[wɔː(r)]
guerrear (vt)	to be at war	[tə bi ət wɔː]

Portuguese	English	Pronunciation
guerra (f) civil	civil war	['sɪvəl wɔː]
perfidamente	treacherously	['tretʃərəslɪ]
declaração (f) de guerra	declaration of war	[ˌdeklə'reɪʃən əv wɔː]
declarar (vt) guerra	to declare (vt)	[tə dɪ'kleə(r)]
agressão (f)	aggression	[ə'greʃən]
atacar (vt)	to attack (vt)	[tə ə'tæk]
invadir (vt)	to invade (vt)	[tu ɪn'veɪd]
invasor (m)	invader	[ɪn'veɪdə(r)]
conquistador (m)	conqueror	['kɒŋkərə(r)]
defesa (f)	defence	[dɪ'fens]
defender (vt)	to defend (vt)	[tə dɪ'fend]
defender-se (vr)	to defend (against ...)	[tə dɪ'fend]
inimigo (m)	enemy	['enɪmɪ]
adversário (m)	adversary	['ædvəsərɪ]
inimigo	enemy	['enɪmɪ]
estratégia (f)	strategy	['strætɪdʒɪ]
tática (f)	tactics	['tæktɪks]
ordem (f)	order	['ɔːdə(r)]
comando (m)	command	[kə'mɑːnd]
ordenar (vt)	to order (vt)	[tə 'ɔːdə(r)]
missão (f)	mission	['mɪʃən]
secreto	secret	['siːkrɪt]
batalha (f)	battle	['bætəl]
combate (m)	combat	['kɒmbæt]
ataque (m)	attack	[ə'tæk]
assalto (m)	charge	[tʃɑːdʒ]
assaltar (vt)	to storm (vt)	[tə stɔːm]
assédio, sítio (m)	siege	[siːdʒ]
ofensiva (f)	offensive	[ə'fensɪv]
passar à ofensiva	to go on the offensive	[tə gəʊ ɒn ðɪ ə'fensɪv]
retirada (f)	retreat	[rɪ'triːt]
retirar-se (vr)	to retreat (vi)	[tə rɪ'triːt]
cerco (m)	encirclement	[ɪn'sɜːkəlmənt]
cercar (vt)	to encircle (vt)	[tə ɪn'sɜːkəl]
bombardeio (m)	bombing	['bɒmɪŋ]
lançar uma bomba	to drop a bomb	[tə drɒp ə bɒm]
bombardear (vt)	to bomb (vt)	[tə bɒm]
explosão (f)	explosion	[ɪk'spləʊʒən]
tiro (m)	shot	[ʃɒt]
disparar um tiro	to fire a shot	[tə ˌfaɪə ə 'ʃɒt]
tiroteio (m)	firing	['faɪərɪŋ]
apontar para ...	to aim (vt)	[tə eɪm]
apontar (vt)	to point (vt)	[tə pɔɪnt]

acertar (vt)	to hit (vt)	[tə hɪt]
afundar (um navio)	to sink (vt)	[tə sɪŋk]
brecha (f)	hole	[həʊl]
afundar-se (vr)	to founder, to sink (vi)	[tə 'faʊndə(r)], [tə sɪŋk]
frente (m)	front	[frʌnt]
evacuação (f)	evacuation	[ˌɪvækjʊ'eɪʃən]
evacuar (vt)	to evacuate (vt)	[tə ɪ'vækjʊeɪt]
trincheira (f)	trench	[trentʃ]
arame (m) farpado	barbed wire	['bɑːbd ˌwaɪə(r)]
obstáculo (m) anticarro	barrier	['bæriə(r)]
torre (f) de vigia	watchtower	['wɒtʃˌtaʊə(r)]
hospital (m)	hospital	['hɒspɪtəl]
ferir (vt)	to wound (vt)	[tə wuːnd]
ferida (f)	wound	[wuːnd]
ferido (m)	wounded	['wuːndɪd]
ficar ferido	to be wounded	[tə bi 'wuːndɪd]
grave (ferida ~)	serious	['sɪəriəs]

113. Guerra. Ações militares. Parte 2

cativeiro (m)	captivity	[kæp'tɪvəti]
capturar (vt)	to take sb captive	[tə teɪk ... 'kæptɪv]
estar em cativeiro	to be held captive	[tə bi held 'kæptɪv]
ser aprisionado	to be taken captive	[tə bi 'teɪkən 'kæptɪv]
campo (m) de concentração	concentration camp	[ˌkɒnsən'treɪʃən kæmp]
prisioneiro (m) de guerra	prisoner of war	['prɪzənə əv wɔː]
escapar (vi)	to escape (vi)	[tə ɪ'skeɪp]
fuzilar, executar (vt)	to execute (vt)	[tə 'eksɪkjuːt]
fuzilamento (m)	execution	[ˌeksɪ'kjuːʃən]
equipamento (m)	equipment	[ɪ'kwɪpmənt]
platina (f)	shoulder board	['ʃəʊldə bɔːd]
máscara (f) antigás	gas mask	['gæs mɑːsk]
rádio (m)	field radio	[fiːld 'reɪdɪəʊ]
cifra (f), código (m)	cipher, code	['saɪfə(r)], [kəʊd]
conspiração (f)	secrecy	['siːkrəsɪ]
senha (f)	password	['pɑːswɜːd]
mina (f)	land mine	[lænd maɪn]
minar (vt)	to mine (vt)	[tə maɪn]
campo (m) minado	minefield	['maɪnfiːld]
alarme (m) aéreo	air-raid warning	[eə-reɪd 'wɔːnɪŋ]
alarme (m)	alarm	[ə'lɑːm]
sinal (m)	signal	['sɪgnəl]
sinalizador (m)	signal flare	['sɪgnəl fleə(r)]
estado-maior (m)	headquarters	[ˌhed'kwɔːtəz]
reconhecimento (m)	reconnaissance	[rɪ'kɒnɪsəns]

situação (f)	situation	[ˌsɪtjʊ'eɪʃən]
relatório (m)	report	[rɪ'pɔːt]
emboscada (f)	ambush	['æmbʊʃ]
reforço (m)	reinforcement	[ˌriːɪn'fɔːsmənt]
alvo (m)	target	['tɑːgɪt]
campo (m) de tiro	training area	['treɪnɪŋ 'eərɪə]
manobras (f pl)	military exercise	['mɪlɪtərɪ 'eksəsaɪz]
pânico (m)	panic	['pænɪk]
devastação (f)	devastation	[ˌdevə'steɪʃən]
ruínas (f pl)	destruction, ruins	[dɪ'strʌkʃən], ['ruːɪnz]
destruir (vt)	to destroy (vt)	[tə dɪ'strɔɪ]
sobreviver (vi)	to survive (vi, vt)	[tə sə'vaɪv]
desarmar (vt)	to disarm (vt)	[tə dɪs'ɑːm]
manusear (vt)	to handle (vt)	[tə 'hændəl]
Firmes!	Attention!	[ə'tenʃən]
Descansar!	At ease!	[ət 'iːz]
façanha (f)	feat, act of courage	[fiːt], [ækt əv 'kʌrɪdʒ]
juramento (m)	oath	[əʊθ]
jurar (vi)	to swear (vi, vt)	[tə sweə(r)]
condecoração (f)	decoration	[ˌdekə'reɪʃən]
condecorar (vt)	to award (vt)	[tə ə'wɔːd]
medalha (f)	medal	['medəl]
ordem (f)	order	['ɔːdə(r)]
vitória (f)	victory	['vɪktərɪ]
derrota (f)	defeat	[dɪ'fiːt]
armistício (m)	armistice	['ɑːmɪstɪs]
bandeira (f)	standard	['stændəd]
glória (f)	glory	['glɔːrɪ]
desfile (m) militar	parade	[pə'reɪd]
marchar (vi)	to march (vi)	[tə mɑːtʃ]

114. Armas

arma (f)	weapons	['wepənz]
arma (f) de fogo	firearms	['faɪərɑːmz]
arma (f) branca	cold weapons	[ˌkəʊld 'wepənz]
arma (f) química	chemical weapons	['kemɪkəl 'wepənz]
nuclear	nuclear	['njuːklɪə(r)]
arma (f) nuclear	nuclear weapons	['njuːklɪə 'wepənz]
bomba (f)	bomb	[bɒm]
bomba (f) atómica	atomic bomb	[ə'tɒmɪk bɒm]
pistola (f)	pistol	['pɪstəl]
caçadeira (f)	rifle	['raɪfəl]

pistola-metralhadora (f)	submachine gun	[ˌsʌbməˈʃiːn gʌn]
metralhadora (f)	machine gun	[məˈʃiːn gʌn]
boca (f)	muzzle	[ˈmʌzəl]
cano (m)	barrel	[ˈbærəl]
calibre (m)	calibre	[ˈkælɪbə(r)]
gatilho (m)	trigger	[ˈtrɪgə(r)]
mira (f)	sight	[saɪt]
carregador (m)	magazine	[ˌmægəˈziːn]
coronha (f)	butt	[bʌt]
granada (f) de mão	hand grenade	[hænd grəˈneɪd]
explosivo (m)	explosive	[ɪkˈspləʊsɪv]
bala (f)	bullet	[ˈbʊlɪt]
cartucho (m)	cartridge	[ˈkɑːtrɪdʒ]
carga (f)	charge	[tʃɑːdʒ]
munições (f pl)	ammunition	[ˌæmjʊˈnɪʃən]
bombardeiro (m)	bomber	[ˈbɒmə(r)]
avião (m) de caça	fighter	[ˈfaɪtə(r)]
helicóptero (m)	helicopter	[ˈhelɪkɒptə(r)]
canhão (m) antiaéreo	anti-aircraft gun	[ˈæntɪ-ˈeəkrɑːft gʌn]
tanque (m)	tank	[tæŋk]
canhão (de um tanque)	tank gun	[ˈtæŋk ˌgʌn]
artilharia (f)	artillery	[ɑːˈtɪlərɪ]
canhão (m)	cannon	[ˈkænən]
obus (m)	shell	[ʃel]
granada (f) de morteiro	mortar bomb	[ˈmɔːtə bɒm]
morteiro (m)	mortar	[ˈmɔːtə(r)]
estilhaço (m)	splinter	[ˈsplɪntə(r)]
submarino (m)	submarine	[ˌsʌbməˈriːn]
torpedo (m)	torpedo	[tɔːˈpiːdəʊ]
míssil (m)	missile	[ˈmɪsəl]
carregar (uma arma)	to load (vt)	[tə ləʊd]
atirar, disparar (vi)	to shoot (vi)	[tə ʃuːt]
apontar para ...	to take aim at ...	[tə teɪk eɪm ət]
baioneta (f)	bayonet	[ˈbeɪənɪt]
espada (f)	rapier	[ˈreɪpjə(r)]
sabre (m)	sabre	[ˈseɪbə(r)]
lança (f)	spear	[spɪə(r)]
arco (m)	bow	[ˈbəʊ]
flecha (f)	arrow	[ˈærəʊ]
mosquete (m)	musket	[ˈmʌskɪt]
besta (f)	crossbow	[ˈkrɒsbəʊ]

115. Povos da antiguidade

primitivo	**primitive**	['prɪmɪtɪv]
pré-histórico	**prehistoric**	[ˌpriːhɪ'stɒrɪk]
antigo	**ancient**	['eɪnʃənt]
Idade (f) da Pedra	**Stone Age**	[ˌstəʊn 'eɪdʒ]
Idade (f) do Bronze	**Bronze Age**	['brɒnz ˌeɪdʒ]
período (m) glacial	**Ice Age**	['aɪs ˌeɪdʒ]
tribo (f)	**tribe**	[traɪb]
canibal (m)	**cannibal**	['kænɪbəl]
caçador (m)	**hunter**	['hʌntə(r)]
caçar (vi)	**to hunt** (vi, vt)	[tə hʌnt]
mamute (m)	**mammoth**	['mæməθ]
caverna (f)	**cave**	[keɪv]
fogo (m)	**fire**	['faɪə(r)]
fogueira (f)	**campfire**	['kæmpˌfaɪə(r)]
pintura (f) rupestre	**cave painting**	[keɪv 'peɪntɪŋ]
ferramenta (f)	**tool**	[tuːl]
lança (f)	**spear**	[spɪə(r)]
machado (m) de pedra	**stone axe**	[stəʊn æks]
guerrear (vt)	**to be at war**	[tə bi ət wɔː]
domesticar (vt)	**to domesticate** (vt)	[tə də'mestɪkeɪt]
ídolo (m)	**idol**	['aɪdəl]
adorar, venerar (vt)	**to worship** (vt)	[tə 'wɜːʃɪp]
superstição (f)	**superstition**	[ˌsuːpə'stɪʃən]
ritual (m)	**rite**	[raɪt]
evolução (f)	**evolution**	[ˌiːvə'luːʃən]
desenvolvimento (m)	**development**	[dɪ'veləpmənt]
desaparecimento (m)	**disappearance**	[ˌdɪsə'pɪərəns]
adaptar-se (vr)	**to adapt oneself**	[tə ə'dæpt wʌn'self]
arqueologia (f)	**archaeology**	[ˌɑːkɪ'ɒlədʒɪ]
arqueólogo (m)	**archaeologist**	[ˌɑːkɪ'ɒlədʒɪst]
arqueológico	**archaeological**	[ˌɑːkɪə'lɒdʒɪkəl]
local (m) das escavações	**excavation site**	[ˌekskə'veɪʃən saɪt]
escavações (f pl)	**excavations**	[ˌekskə'veɪʃənz]
achado (m)	**find**	[faɪnd]
fragmento (m)	**fragment**	['frægmənt]

116. Idade média

povo (m)	**people**	['piːpəl]
povos (m pl)	**peoples**	['piːpəlz]
tribo (f)	**tribe**	[traɪb]
tribos (f pl)	**tribes**	[traɪbz]
bárbaros (m pl)	**barbarians**	[bɑː'beərɪənz]

gauleses (m pl)	Gauls	[gɔːlz]
godos (m pl)	Goths	[gɒθs]
eslavos (m pl)	Slavs	[slɑːvz]
víquingues (m pl)	Vikings	[ˈvaɪkɪŋz]

| romanos (m pl) | Romans | [ˈrəʊmənz] |
| romano | Roman | [ˈrəʊmən] |

bizantinos (m pl)	Byzantines	[bɪˈzæntaɪnz]
Bizâncio	Byzantium	[bɪˈzæntɪəm]
bizantino	Byzantine	[bɪˈzæntaɪn]

imperador (m)	emperor	[ˈempərə(r)]
líder (m)	leader, chief	[ˈliːdə], [ʧiːf]
poderoso	powerful	[ˈpaʊəfʊl]
rei (m)	king	[kɪŋ]
governante (m)	ruler	[ˈruːlə(r)]

cavaleiro (m)	knight	[naɪt]
senhor feudal (m)	feudal lord	[ˈfjuːdəl lɔːd]
feudal	feudal	[ˈfjuːdəl]
vassalo (m)	vassal	[ˈvæsəl]

duque (m)	duke	[djuːk]
conde (m)	earl	[ɜːl]
barão (m)	baron	[ˈbærən]
bispo (m)	bishop	[ˈbɪʃəp]

armadura (f)	armour	[ˈɑːmə(r)]
escudo (m)	shield	[ʃiːld]
espada (f)	sword	[sɔːd]
viseira (f)	visor	[ˈvaɪzə(r)]
cota (f) de malha	chainmail	[ʧeɪn meɪl]

| cruzada (f) | Crusade | [kruːˈseɪd] |
| cruzado (m) | crusader | [kruːˈseɪdə(r)] |

território (m)	territory	[ˈterətrɪ]
atacar (vt)	to attack (vt)	[tə əˈtæk]
conquistar (vt)	to conquer (vt)	[tə ˈkɒŋkə(r)]
ocupar, invadir (vt)	to occupy (vt)	[tə ˈɒkjʊpaɪ]

assédio, sítio (m)	siege	[siːʤ]
sitiado	besieged	[bɪˈsiːʤd]
assediar, sitiar (vt)	to besiege (vt)	[tə bɪˈsiːʤ]

inquisição (f)	inquisition	[ˌɪnkwɪˈzɪʃən]
inquisidor (m)	inquisitor	[ɪnˈkwɪzɪtə(r)]
tortura (f)	torture	[ˈtɔːʧə(r)]
cruel	cruel	[krʊəl]
herege (m)	heretic	[ˈherətɪk]
heresia (f)	heresy	[ˈherəsɪ]

navegação (f) marítima	seafaring	[ˈsiːˌfeərɪŋ]
pirata (m)	pirate	[ˈpaɪrət]
pirataria (f)	piracy	[ˈpaɪrəsɪ]

abordagem (f)	boarding	['bɔːdɪŋ]
presa (f), butim (m)	loot	[luːt]
tesouros (m pl)	treasures	['treʒəz]

descobrimento (m)	discovery	[dɪ'skʌvərɪ]
descobrir (novas terras)	to discover (vt)	[tə dɪ'skʌvə(r)]
expedição (f)	expedition	[ˌekspɪ'dɪʃən]

mosqueteiro (m)	musketeer	[ˌmʌskɪ'tɪə(r)]
cardeal (m)	cardinal	['kɑːdɪnəl]
heráldica (f)	heraldry	['herəldrɪ]
heráldico	heraldic	[he'rældɪk]

117. Líder. Chefe. Autoridades

rei (m)	king	[kɪŋ]
rainha (f)	queen	[kwiːn]
real	royal	['rɔɪəl]
reino (m)	kingdom	['kɪŋdəm]

| príncipe (m) | prince | [prɪns] |
| princesa (f) | princess | [prɪn'ses] |

presidente (m)	president	['prezɪdənt]
vice-presidente (m)	vice-president	[vaɪs 'prezɪdənt]
senador (m)	senator	['senətə(r)]

monarca (m)	monarch	['mɒnək]
governante (m)	ruler	['ruːlə(r)]
ditador (m)	dictator	[dɪk'teɪtə(r)]
tirano (m)	tyrant	['taɪrənt]
magnata (m)	magnate	['mægneɪt]

diretor (m)	director	[dɪ'rektə(r)]
chefe (m)	chief	[tʃiːf]
dirigente (m)	manager	['mænɪdʒə(r)]
patrão (m)	boss	[bɒs]
dono (m)	owner	['əʊnə(r)]

líder, chefe (m)	leader	['liːdə(r)]
chefe (~ de delegação)	head	[hed]
autoridades (f pl)	authorities	[ɔː'θɒrətɪz]
superiores (m pl)	superiors	[suː'pɪərɪərz]

governador (m)	governor	['gʌvənə(r)]
cônsul (m)	consul	['kɒnsəl]
diplomata (m)	diplomat	['dɪpləmæt]
Presidente (m) da Câmara	mayor	[meə(r)]
xerife (m)	sheriff	['ʃerɪf]

imperador (m)	emperor	['empərə(r)]
czar (m)	tsar	[zɑː(r)]
faraó (m)	pharaoh	['feərəʊ]
cã (m)	khan	[kɑːn]

118. Viloação da lei. Criminosos. Parte 1

bandido (m)	bandit	['bændɪt]
crime (m)	crime	[kraɪm]
criminoso (m)	criminal	['krɪmɪnəl]
ladrão (m)	thief	[θiːf]
roubar (vt)	to steal (vt)	[tə stiːl]
furto (m)	stealing	['stiːlɪŋ]
furto (m)	theft	[θeft]
raptar (ex. ~ uma criança)	to kidnap (vt)	[tə 'kɪdnæp]
rapto (m)	kidnapping	['kɪdnæpɪŋ]
raptor (m)	kidnapper	['kɪdnæpə(r)]
resgate (m)	ransom	['rænsəm]
pedir resgate	to demand ransom	[tə dɪ'mɑːnd 'rænsəm]
roubar (vt)	to rob (vt)	[tə rɒb]
assalto, roubo (m)	robbery	['rɒbərɪ]
assaltante (m)	robber	['rɒbə(r)]
extorquir (vt)	to extort (vt)	[tə ɪk'stɔːt]
extorsionário (m)	extortionist	[ɪk'stɔːʃənɪst]
extorsão (f)	extortion	[ɪk'stɔːʃən]
matar, assassinar (vt)	to murder (vt)	[tə 'mɜːdə(r)]
homicídio (m)	murder	['mɜːdə(r)]
homicida, assassino (m)	murderer	['mɜːdərə(r)]
tiro (m)	gunshot	['gʌnʃɒt]
dar um tiro	to fire a shot	[tə ˌfaɪə ə 'ʃɒt]
matar a tiro	to shoot to death	[tə ʃuːt tə deθ]
atirar, disparar (vi)	to shoot (vi)	[tə ʃuːt]
tiroteio (m)	shooting	['ʃuːtɪŋ]
incidente (m)	incident	['ɪnsɪdənt]
briga (~ de rua)	fight, brawl	[faɪt], [brɔːl]
Socorro!	Help!	[help]
vítima (f)	victim	['vɪktɪm]
danificar (vt)	to damage (vt)	[tə 'dæmɪdʒ]
dano (m)	damage	['dæmɪdʒ]
cadáver (m)	dead body, corpse	[ded 'bɒdɪ], [kɔːps]
grave	grave	[greɪv]
atacar (vt)	to attack (vt)	[tə ə'tæk]
bater (espancar)	to beat (vt)	[tə biːt]
espancar (vt)	to beat ... up	[tə biːt ... ʌp]
tirar, roubar (dinheiro)	to take (vt)	[tə teɪk]
esfaquear (vt)	to stab to death	[tə stæb tə deθ]
mutilar (vt)	to maim (vt)	[tə meɪm]
ferir (vt)	to wound (vt)	[tə wuːnd]
chantagem (f)	blackmail	['blækˌmeɪl]
chantagear (vt)	to blackmail (vt)	[tə 'blækˌmeɪl]

chantagista (m)	blackmailer	['blæk,meɪlə(r)]
extorsão	protection racket	[prə'tekʃən 'rækɪt]
(em troca de proteção)		
extorsionário (m)	racketeer	[,rækə'tɪə(r)]
gângster (m)	gangster	['gæŋstə(r)]
máfia (f)	mafia	['mæfɪə]
carteirista (m)	pickpocket	['pɪk,pɒkɪt]
assaltante, ladrão (m)	burglar	['bɜːglə]
contrabando (m)	smuggling	['smʌglɪŋ]
contrabandista (m)	smuggler	['smʌglə(r)]
falsificação (f)	forgery	['fɔːdʒərɪ]
falsificar (vt)	to forge (vt)	[tə fɔːdʒ]
falsificado	fake, forged	[feɪk], [fɔːdʒd]

119. Viloação da lei. Criminosos. Parte 2

violação (f)	rape	[reɪp]
violar (vt)	to rape (vt)	[tə reɪp]
violador (m)	rapist	['reɪpɪst]
maníaco (m)	maniac	['meɪnɪæk]
prostituta (f)	prostitute	['prɒstɪtjuːt]
prostituição (f)	prostitution	[,prɒstɪ'tjuːʃən]
chulo (m)	pimp	[pɪmp]
toxicodependente (m)	drug addict	['drʌg,ædɪkt]
traficante (m)	drug dealer	['drʌg ,diːlə(r)]
explodir (vt)	to blow up (vt)	[tə bləʊ ʌp]
explosão (f)	explosion	[ɪk'spləʊʒən]
incendiar (vt)	to set fire	[tə set 'faɪə(r)]
incendiário (m)	arsonist	['ɑːsənɪst]
terrorismo (m)	terrorism	['terərɪzəm]
terrorista (m)	terrorist	['terərɪst]
refém (m)	hostage	['hɒstɪdʒ]
enganar (vt)	to swindle (vt)	[tə 'swɪndəl]
engano (m)	swindle, deception	['swɪndəl], [dɪ'sepʃən]
vigarista (m)	swindler	['swɪndlə(r)]
subornar (vt)	to bribe (vt)	[tə braɪb]
suborno (atividade)	bribery	['braɪbərɪ]
suborno (dinheiro)	bribe	[braɪb]
veneno (m)	poison	['pɔɪzən]
envenenar (vt)	to poison (vt)	[tə 'pɔɪzən]
envenenar-se (vr)	to poison oneself	[tə 'pɔɪzən wʌn'self]
suicídio (m)	suicide	['suːɪsaɪd]
suicida (m)	suicide	['suːɪsaɪd]
ameaçar (vt)	to threaten (vt)	[tə 'θretən]

ameaça (f)	threat	[θret]
atentar contra a vida de ...	to make an attempt	[tə meɪk ən ə'tempt]
atentado (m)	attempt	[ə'tempt]
roubar (o carro)	to steal (vt)	[tə stiːl]
desviar (o avião)	to hijack (vt)	[tə 'haɪdʒæk]
vingança (f)	revenge	[rɪ'vendʒ]
vingar (vt)	to avenge (vt)	[tə ə'vendʒ]
torturar (vt)	to torture (vt)	[tə 'tɔːtʃə(r)]
tortura (f)	torture	['tɔːtʃə(r)]
atormentar (vt)	to torment (vt)	[tə tɔː'ment]
pirata (m)	pirate	['paɪrət]
desordeiro (m)	hooligan	['huːlɪgən]
armado	armed	[ɑːmd]
violência (f)	violence	['vaɪələns]
ilegal	illegal	[ɪ'liːgəl]
espionagem (f)	spying, espionage	['spaɪɪŋ], ['espɪəˌnɑːʒ]
espionar (vi)	to spy (vi)	[tə spaɪ]

120. Polícia. Lei. Parte 1

justiça (f)	justice	['dʒʌstɪs]
tribunal (m)	court	[kɔːt]
juiz (m)	judge	[dʒʌdʒ]
jurados (m pl)	jurors	['dʒʊərəz]
tribunal (m) do júri	jury trial	['dʒʊərɪ 'traɪəl]
julgar (vt)	to judge (vt)	[tə dʒʌdʒ]
advogado (m)	lawyer, barrister	['lɔːjə(r)], ['bærɪstə(r)]
réu (m)	defendant	[dɪ'fendənt]
banco (m) dos réus	dock	[dɒk]
acusação (f)	charge	[tʃɑːdʒ]
acusado (m)	accused	[ə'kjuːzd]
sentença (f)	sentence	['sentəns]
sentenciar (vt)	to sentence (vt)	[tə 'sentəns]
punir (vt)	to punish (vt)	[tə 'pʌnɪʃ]
punição (f)	punishment	['pʌnɪʃmənt]
multa (f)	fine	[faɪn]
prisão (f) perpétua	life imprisonment	[laɪf ɪm'prɪzənmənt]
pena (f) de morte	death penalty	['deθ ˌpenəltɪ]
cadeira (f) elétrica	electric chair	[ɪ'lektrɪk 'tʃeə(r)]
forca (f)	gallows	['gæləʊz]
executar (vt)	to execute (vt)	[tə 'eksɪkjuːt]
execução (f)	execution	[ˌeksɪ'kjuːʃən]

prisão (f)	prison	['prɪzən]
cela (f) de prisão	cell	[sel]
escolta (f)	escort	['eskɔːt]
guarda (m) prisional	prison officer	['prɪzən 'ɒfɪsə(r)]
preso (m)	prisoner	['prɪzənə(r)]
algemas (f pl)	handcuffs	['hændkʌfs]
algemar (vt)	to handcuff (vt)	[tə 'hændkʌf]
fuga, evasão (f)	prison break	['prɪzən breɪk]
fugir (vi)	to break out (vi)	[tə breɪk 'aʊt]
desaparecer (vi)	to disappear (vi)	[tə ˌdɪsə'pɪə(r)]
soltar, libertar (vt)	to release (vt)	[tə rɪ'liːs]
amnistia (f)	amnesty	['æmnəstɪ]
polícia (instituição)	police	[pə'liːs]
polícia (m)	police officer	[pə'liːs 'ɒfɪsə(r)]
esquadra (f) de polícia	police station	[pə'liːs 'steɪʃən]
cassetete (m)	truncheon	['trʌntʃən]
megafone (m)	loudhailer	[ˌlaʊd'heɪlə(r)]
carro (m) de patrulha	patrol car	[pə'trəʊl kɑː(r)]
sirene (f)	siren	['saɪərən]
ligar a sirene	to turn on the siren	[tə tɜːn ˌɒn ðə 'saɪərən]
toque (m) da sirene	siren call	['saɪərən kɔːl]
cena (f) do crime	crime scene	[kraɪm siːn]
testemunha (f)	witness	['wɪtnɪs]
liberdade (f)	freedom	['friːdəm]
cúmplice (m)	accomplice	[ə'kʌmplɪs]
traço (não deixar ~s)	trace	[treɪs]

121. Polícia. Lei. Parte 2

procura (f)	search	[sɜːtʃ]
procurar (vt)	to look for …	[tə lʊk fɔː(r)]
suspeita (f)	suspicion	[sə'spɪʃən]
suspeito	suspicious	[sə'spɪʃəs]
parar (vt)	to stop (vt)	[tə stɒp]
deter (vt)	to detain (vt)	[tə dɪ'teɪn]
caso (criminal)	case	[keɪs]
investigação (f)	investigation	[ɪnˌvestɪ'geɪʃən]
detetive (m)	detective	[dɪ'tektɪv]
investigador (m)	investigator	[ɪn'vestɪˌgeɪtə(r)]
versão (f)	hypothesis	[haɪ'pɒθɪsɪs]
motivo (m)	motive	['məʊtɪv]
interrogatório (m)	interrogation	[ɪnˌterə'geɪʃən]
interrogar (vt)	to interrogate (vt)	[tə ɪn'terəgeɪt]
questionar (vt)	to question (vt)	[tə 'kwestʃən]
verificação (f)	check	[tʃek]
batida (f) policial	round-up	[raʊndʌp]

busca (f)	search	[sɜːtʃ]
perseguição (f)	chase	[tʃeɪs]
perseguir (vt)	to pursue, to chase	[tə pə'sjuː], [tə tʃeɪs]
seguir (vt)	to track (vt)	[tə træk]
prisão (f)	arrest	[ə'rest]
prender (vt)	to arrest (vt)	[tə ə'rest]
pegar, capturar (vt)	to catch (vt)	[tə kætʃ]
captura (f)	capture	['kæptʃə(r)]
documento (m)	document	['dɒkjumənt]
prova (f)	proof	[pruːf]
provar (vt)	to prove (vt)	[tə pruːv]
pegada (f)	footprint	['futprɪnt]
impressões (f pl) digitais	fingerprints	['fɪŋgəprɪnts]
prova (f)	piece of evidence	[piːs ɒf 'evɪdəns]
álibi (m)	alibi	['ælɪbaɪ]
inocente	innocent	['ɪnəsənt]
injustiça (f)	injustice	[ɪn'dʒʌstɪs]
injusto	unjust, unfair	[ˌʌn'dʒʌst], [ˌʌn'feə(r)]
criminal	criminal	['krɪmɪnəl]
confiscar (vt)	to confiscate (vt)	[tə 'kɒnfɪskeɪt]
droga (f)	drug	[drʌg]
arma (f)	weapon, gun	['wepən], [gʌn]
desarmar (vt)	to disarm (vt)	[tə dɪs'ɑːm]
ordenar (vt)	to order (vt)	[tə 'ɔːdə(r)]
desaparecer (vi)	to disappear (vi)	[tə ˌdɪsə'pɪə(r)]
lei (f)	law	[lɔː]
legal	legal, lawful	['liːgəl], ['lɔːful]
ilegal	illegal, illicit	[ɪ'liːgəl], [ɪ'lɪsɪt]
responsabilidade (f)	responsibility	[rɪˌspɒnsə'bɪlɪtɪ]
responsável	responsible	[rɪ'spɒnsəbəl]

NATUREZA

A Terra. Parte 1

122. Espaço sideral

cosmos (m)	space	[speɪs]
cósmico	space	[speɪs]
espaço (m) cósmico	outer space	[ˈaʊtə speɪs]
mundo (m)	world	[wɜːld]
universo (m)	universe	[ˈjuːnɪvɜːs]
galáxia (f)	galaxy	[ˈgæləksɪ]
estrela (f)	star	[stɑː(r)]
constelação (f)	constellation	[ˌkɒnstəˈleɪʃən]
planeta (m)	planet	[ˈplænɪt]
satélite (m)	satellite	[ˈsætəlaɪt]
meteorito (m)	meteorite	[ˈmiːtjəraɪt]
cometa (m)	comet	[ˈkɒmɪt]
asteroide (m)	asteroid	[ˈæstərɔɪd]
órbita (f)	orbit	[ˈɔːbɪt]
girar (vi)	to rotate (vi)	[tə rəʊˈteɪt]
atmosfera (f)	atmosphere	[ˈætməˌsfɪə(r)]
Sol (m)	the Sun	[sʌn]
Sistema (m) Solar	solar system	[ˈsəʊlə ˈsɪstəm]
eclipse (m) solar	solar eclipse	[ˈsəʊlə ɪˈklɪps]
Terra (f)	the Earth	[ði ɜːθ]
Lua (f)	the Moon	[ðə muːn]
Marte (m)	Mars	[mɑːz]
Vénus (f)	Venus	[ˈviːnəs]
Júpiter (m)	Jupiter	[ˈdʒuːpɪtə(r)]
Saturno (m)	Saturn	[ˈsætən]
Mercúrio (m)	Mercury	[ˈmɜːkjʊrɪ]
Urano (m)	Uranus	[ˈjʊərənəs]
Neptuno (m)	Neptune	[ˈneptjuːn]
Plutão (m)	Pluto	[ˈpluːtəʊ]
Via Láctea (f)	Milky Way	[ˈmɪlkɪ weɪ]
Ursa Maior (f)	Great Bear	[greɪt ˈbeə(r)]
Estrela Polar (f)	North Star	[nɔːθ stɑː(r)]
marciano (m)	Martian	[ˈmɑːʃən]
extraterrestre (m)	extraterrestrial	[ˌekstrətəˈrestrɪəl]

alienígena (m)	alien	['eɪljən]
disco (m) voador	flying saucer	['flaɪɪŋ 'sɔːsə(r)]
nave (f) espacial	spaceship	['speɪsʃɪp]
estação (f) orbital	space station	[speɪs 'steɪʃən]
lançamento (m)	blast-off	[blɑːst ɒf]
motor (m)	engine	['endʒɪn]
bocal (m)	nozzle	['nɒzəl]
combustível (m)	fuel	[fjʊəl]
cabine (f)	cockpit	['kɒkpɪt]
antena (f)	aerial	['eərɪəl]
vigia (f)	porthole	['pɔːthəʊl]
bateria (f) solar	solar panel	['səʊlə 'pænəl]
traje (m) espacial	spacesuit	['speɪssuːt]
imponderabilidade (f)	weightlessness	['weɪtlɪsnɪs]
oxigénio (m)	oxygen	['ɒksɪdʒən]
acoplagem (f)	docking	['dɒkɪŋ]
fazer uma acoplagem	to dock (vi, vt)	[tə dɒk]
observatório (m)	observatory	[əb'zɜːvətrɪ]
telescópio (m)	telescope	['telɪskəʊp]
observar (vt)	to observe (vt)	[tə əb'zɜːv]
explorar (vt)	to explore (vt)	[tə ɪk'splɔː(r)]

123. A Terra

Terra (f)	the Earth	[ðɪ ɜːθ]
globo terrestre (Terra)	the globe	[ðɪ gləʊb]
planeta (m)	planet	['plænɪt]
atmosfera (f)	atmosphere	['ætməˌsfɪə(r)]
geografia (f)	geography	[dʒɪ'ɒgrəfɪ]
natureza (f)	nature	['neɪtʃə(r)]
globo (mapa esférico)	globe	[gləʊb]
mapa (m)	map	[mæp]
atlas (m)	atlas	['ætləs]
Europa (f)	Europe	['jʊərəp]
Ásia (f)	Asia	['eɪʒə]
África (f)	Africa	['æfrɪkə]
Austrália (f)	Australia	[ɒ'streɪljə]
América (f)	America	[ə'merɪkə]
América (f) do Norte	North America	[nɔːθ ə'merɪkə]
América (f) do Sul	South America	[saʊθ ə'merɪkə]
Antártida (f)	Antarctica	[ænt'ɑːktɪkə]
Ártico (m)	the Arctic	[ðə 'ɑrktɪk]

124. Pontos cardeais

norte (m)	north	[nɔːθ]
para norte	to the north	[tə ðə nɔːθ]
no norte	in the north	[ɪn ðə nɔːθ]
do norte	northern	['nɔːðən]

sul (m)	south	[saʊθ]
para sul	to the south	[tə ðə saʊθ]
no sul	in the south	[ɪn ðə saʊθ]
do sul	southern	['sʌðən]

oeste, ocidente (m)	west	[west]
para oeste	to the west	[tə ðə west]
no oeste	in the west	[ɪn ðə west]
ocidental	western	['westən]

leste, oriente (m)	east	[iːst]
para leste	to the east	[tə ðɪ iːst]
no leste	in the east	[ɪn ðɪ iːst]
oriental	eastern	['iːstən]

125. Mar. Oceano

mar (m)	sea	[siː]
oceano (m)	ocean	['əʊʃən]
golfo (m)	gulf	[gʌlf]
estreito (m)	straits	[streɪts]

terra (f) firme	land	[lænd]
continente (m)	continent	['kɒntɪnənt]
ilha (f)	island	['aɪlənd]
península (f)	peninsula	[pə'nɪnsjʊlə]
arquipélago (m)	archipelago	[ˌɑːkɪ'pelɪgəʊ]

baía (f)	bay	[beɪ]
porto (m)	harbour	['hɑːbə(r)]
lagoa (f)	lagoon	[lə'guːn]
cabo (m)	cape	[keɪp]

atol (m)	atoll	['ætɒl]
recife (m)	reef	[riːf]
coral (m)	coral	['kɒrəl]
recife (m) de coral	coral reef	['kɒrəl riːf]

profundo	deep	[diːp]
profundidade (f)	depth	[depθ]
abismo (m)	abyss	[ə'bɪs]
fossa (f) oceânica	trench	[trentʃ]

corrente (f)	current	['kʌrənt]
banhar (vt)	to surround (vt)	[tə sə'raʊnd]
litoral (m)	shore	[ʃɔː(r)]

costa (f)	coast	[kəʊst]
maré (f) alta	flow	[fləʊ]
refluxo (m), maré (f) baixa	ebb	[eb]
restinga (f)	shoal	[ʃəʊl]
fundo (m)	bottom	['bɒtəm]

onda (f)	wave	[weɪv]
crista (f) da onda	crest	[krest]
espuma (f)	foam, spume	[fəʊm], [spju:m]

tempestade (f)	storm	[stɔ:m]
furacão (m)	hurricane	['hʌrɪkən]
tsunami (m)	tsunami	[tsu:'nɑ:mɪ]
calmaria (f)	calm	[kɑ:m]
calmo	quiet, calm	['kwaɪət], [kɑ:m]

| polo (m) | pole | [pəʊl] |
| polar | polar | ['pəʊlə(r)] |

latitude (f)	latitude	['lætɪtju:d]
longitude (f)	longitude	['lɒndʒɪtju:d]
paralela (f)	parallel	['pærəlel]
equador (m)	equator	[ɪ'kweɪtə(r)]

céu (m)	sky	[skaɪ]
horizonte (m)	horizon	[hə'raɪzən]
ar (m)	air	[eə]

farol (m)	lighthouse	['laɪthaʊs]
mergulhar (vi)	to dive (vi)	[tə daɪv]
afundar-se (vr)	to sink (vi)	[tə sɪŋk]
tesouros (m pl)	treasures	['treʒəz]

126. Nomes de Mares e Oceanos

Oceano (m) Atlântico	Atlantic Ocean	[ət'læntɪk 'əʊʃən]
Oceano (m) Índico	Indian Ocean	['ɪndɪən 'əʊʃən]
Oceano (m) Pacífico	Pacific Ocean	[pə'sɪfɪk 'əʊʃən]
Oceano (m) Ártico	Arctic Ocean	['ɑrktɪk 'əʊʃən]

Mar (m) Negro	Black Sea	[blæk si:]
Mar (m) Vermelho	Red Sea	[red si:]
Mar (m) Amarelo	Yellow Sea	[ˌjeləʊ 'si:]
Mar (m) Branco	White Sea	[waɪt si:]

Mar (m) Cáspio	Caspian Sea	['kæspɪən si:]
Mar (m) Morto	Dead Sea	[ˌded 'si:]
Mar (m) Mediterrâneo	Mediterranean Sea	[ˌmedɪtə'reɪnɪən si:]

| Mar (m) Egeu | Aegean Sea | [i:'dʒi:ən si:] |
| Mar (m) Adriático | Adriatic Sea | [ˌeɪdrɪ'ætɪk si:] |

| Mar (m) Arábico | Arabian Sea | [ə'reɪbɪən si:] |
| Mar (m) do Japão | Sea of Japan | ['si: əv dʒə'pæn] |

| Mar (m) de Bering | Bering Sea | ['berıŋ si:] |
| Mar (m) da China Meridional | South China Sea | [saʊθ 'tʃaɪnə si:] |

Mar (m) de Coral	Coral Sea	['kɒrəl si:]
Mar (m) de Tasman	Tasman Sea	['tæzmən si:]
Mar (m) do Caribe	Caribbean Sea	['kæ'rɪbɪən si:]

| Mar (m) de Barents | Barents Sea | ['bærənts si:] |
| Mar (m) de Kara | Kara Sea | ['kɑːrə si:] |

Mar (m) do Norte	North Sea	[nɔːθ si:]
Mar (m) Báltico	Baltic Sea	['bɔːltɪk si:]
Mar (m) da Noruega	Norwegian Sea	[nɔː'wiːdʒən si:]

127. Montanhas

montanha (f)	mountain	['maʊntɪn]
cordilheira (f)	mountain range	['maʊntɪn reɪndʒ]
serra (f)	mountain ridge	['maʊntɪn rɪdʒ]

cume (m)	summit, top	['sʌmɪt], [tɒp]
pico (m)	peak	[piːk]
sopé (m)	foot	[fʊt]
declive (m)	slope	[sləʊp]

vulcão (m)	volcano	[vɒl'kenəʊ]
vulcão (m) ativo	active volcano	['æktɪv vɒl'kenəʊ]
vulcão (m) extinto	dormant volcano	['dɔːmənt vɒl'kenəʊ]

erupção (f)	eruption	[ɪ'rʌpʃən]
cratera (f)	crater	['kreɪtə(r)]
magma (m)	magma	['mægmə]
lava (f)	lava	['lɑːvə]
fundido (lava ~a)	molten	['məʊltən]

desfiladeiro (m)	canyon	['kænjən]
garganta (f)	gorge	[gɔːdʒ]
fenda (f)	crevice	['krevɪs]
precipício (m)	abyss	[ə'bɪs]

passo, colo (m)	pass, col	[pɑːs], [kɒl]
planalto (m)	plateau	['plætəʊ]
falésia (f)	cliff	[klɪf]
colina (f)	hill	[hɪl]

glaciar (m)	glacier	['glæsjə(r)]
queda (f) d'água	waterfall	['wɔːtəfɔːl]
géiser (m)	geyser	['giːzə(r)]
lago (m)	lake	[leɪk]

planície (f)	plain	[pleɪn]
paisagem (f)	landscape	['lændskeɪp]
eco (m)	echo	['ekəʊ]
alpinista (m)	alpinist	['ælpɪnɪst]

escalador (m)	rock climber	[rɒk 'klaɪmə(r)]
conquistar (vt)	conquer (vt)	['kɒŋkə(r)]
subida, escalada (f)	climb	[klaɪm]

128. Nomes de montanhas

Alpes (m pl)	The Alps	[ðɪ ælps]
monte Branco (m)	Mont Blanc	[ˌmɔ̃'blɑ̃]
Pirineus (m pl)	The Pyrenees	[ðɪ ˌpɪrə'niːz]
Cárpatos (m pl)	The Carpathians	[ðɪ kɑː'peɪθɪənz]
montes (m pl) Urais	The Ural Mountains	[ðɪ 'jʊərəl 'maʊntɪnz]
Cáucaso (m)	The Caucasus Mountains	[ðɪ 'kɔːkəsəs 'maʊntɪnz]
Elbrus (m)	Mount Elbrus	['maʊnt ˌelbə'ruːs]
Altai (m)	The Altai Mountains	[ðɪ ˌɑːl'taɪ 'maʊntɪnz]
Tian Shan (m)	The Tian Shan	[ðɪ tjɛn'ʃɑːn]
Pamir (m)	The Pamir Mountains	[ðɪ pə'mɪə 'maʊntɪnz]
Himalaias (m pl)	The Himalayas	[ðɪ ˌhɪmə'leɪəz]
monte (m) Everest	Mount Everest	[ðɪ 'maʊnt 'evərɪst]
Cordilheira (f) dos Andes	The Andes	[ðɪ 'ændiːz]
Kilimanjaro (m)	Mount Kilimanjaro	['maʊnt ˌkɪlɪmən'dʒɑːrəʊ]

129. Rios

rio (m)	river	['rɪvə(r)]
fonte, nascente (f)	spring	[sprɪŋ]
leito (m) do rio	riverbed	['rɪvəbed]
bacia (f)	basin	['beɪsən]
desaguar no ...	to flow into ...	[tə fləʊ 'ɪntʊ]
afluente (m)	tributary	['trɪbjʊtrɪ]
margem (do rio)	bank	[bæŋk]
corrente (f)	current, stream	['kʌrənt], [striːm]
rio abaixo	downstream	['daʊnˌstriːm]
rio acima	upstream	[ˌʌp'striːm]
inundação (f)	inundation	[ˌɪnʌn'deɪʃən]
cheia (f)	flooding	['flʌdɪŋ]
transbordar (vi)	to overflow (vi)	[tə ˌəʊvə'fləʊ]
inundar (vt)	to flood (vt)	[tə flʌd]
banco (m) de areia	shallow	['ʃæləʊ]
rápidos (m pl)	rapids	['ræpɪdz]
barragem (f)	dam	[dæm]
canal (m)	canal	[kə'næl]
reservatório (m) de água	reservoir	['rezəvwɑː(r)]
eclusa (f)	sluice, lock	[sluːs], [lɒk]
corpo (m) de água	water body	['wɔːtə 'bɒdɪ]

pântano (m)	swamp	[swɒmp]
tremedal (m)	bog, marsh	[bɒg], [mɑːʃ]
remoinho (m)	whirlpool	[ˈwɜːlpuːl]
arroio, regato (m)	stream	[striːm]
potável	drinking	[ˈdrɪŋkɪŋ]
doce (água)	fresh	[freʃ]
gelo (m)	ice	[aɪs]
congelar-se (vr)	to freeze over	[tə friːz ˈəʊvə(r)]

130. Nomes de rios

rio Sena (m)	Seine	[seɪn]
rio Loire (m)	Loire	[lwɑːr]
rio Tamisa (m)	Thames	[temz]
rio Reno (m)	Rhine	[raɪn]
rio Danúbio (m)	Danube	[ˈdænjuːb]
rio Volga (m)	Volga	[ˈvɒlgə]
rio Don (m)	Don	[dɒn]
rio Lena (m)	Lena	[ˈleɪnə]
rio Amarelo (m)	Yellow River	[ˌjeləʊ ˈrɪvə(r)]
rio Yangtzé (m)	Yangtze	[ˈjæŋtsɪ]
rio Mekong (m)	Mekong	[ˈmiːkɒŋ]
rio Ganges (m)	Ganges	[ˈgændʒiːz]
rio Nilo (m)	Nile	[naɪl]
rio Congo (m)	Congo	[ˈkɒŋgəʊ]
rio Cubango (m)	Okavango	[ˌɔkəˈvæŋgəʊ]
rio Zambeze (m)	Zambezi	[zæmˈbiːzɪ]
rio Limpopo (m)	Limpopo	[lɪmˈpəʊpəʊ]

131. Floresta

floresta (f), bosque (m)	forest, wood	[ˈfɒrɪst], [wʊd]
florestal	forest	[ˈfɒrɪst]
mata (f) cerrada	thick forest	[θɪk ˈfɒrɪst]
arvoredo (m)	grove	[grəʊv]
clareira (f)	clearing	[ˈklɪərɪŋ]
matagal (m)	thicket	[ˈθɪkɪt]
mato (m)	scrubland	[ˈskrʌblænd]
vereda (f)	footpath	[ˈfʊtpɑːθ]
ravina (f)	gully	[ˈgʌlɪ]
árvore (f)	tree	[triː]
folha (f)	leaf	[liːf]

folhagem (f)	leaves	[li:vz]
queda (f) das folhas	fall of leaves	[fɔ:l əv li:vz]
cair (vi)	to fall (vi)	[tə fɔ:l]
topo (m)	top	[tɒp]
ramo (m)	branch	[brɑ:ntʃ]
galho (m)	bough	[baʊ]
botão, rebento (m)	bud	[bʌd]
agulha (f)	needle	['ni:dəl]
pinha (f)	fir cone	[fɜ: kəʊn]
buraco (m) de árvore	tree hollow	[tri: 'hɒləʊ]
ninho (m)	nest	[nest]
toca (f)	burrow, animal hole	['bʌrəʊ], ['ænɪməl həʊl]
tronco (m)	trunk	[trʌŋk]
raiz (f)	root	[ru:t]
casca (f) de árvore	bark	[bɑ:k]
musgo (m)	moss	[mɒs]
arrancar pela raiz	to uproot (vt)	[tə ˌʌp'ru:t]
cortar (vt)	to chop down	[tə tʃɒp daʊn]
desflorestar (vt)	to deforest (vt)	[tə ˌdi:'fɒrɪst]
toco, cepo (m)	tree stump	[tri: stʌmp]
fogueira (f)	campfire	['kæmpˌfaɪə(r)]
incêndio (m) florestal	forest fire	['fɒrɪst 'faɪə(r)]
apagar (vt)	to extinguish (vt)	[tə ɪk'stɪŋgwɪʃ]
guarda-florestal (m)	forest ranger	['fɒrɪst 'reɪndʒə]
proteção (f)	protection	[prə'tekʃən]
proteger (a natureza)	to protect (vt)	[tə prə'tekt]
caçador (m) furtivo	poacher	['pəʊtʃə(r)]
armadilha (f)	steel trap	[sti:l træp]
colher (cogumelos, bagas)	to gather, to pick (vt)	[tə 'gæðə(r)], [tə pɪk]
perder-se (vr)	to lose one's way	[tə lu:z wʌnz weɪ]

132. Recursos naturais

recursos (m pl) naturais	natural resources	['nætʃərəl rɪ'sɔ:sɪz]
minerais (m pl)	minerals	['mɪnərəlz]
depósitos (m pl)	deposits	[dɪ'pɒzɪts]
jazida (f)	field	[fi:ld]
extrair (vt)	to mine (vt)	[tə maɪn]
extração (f)	mining	['maɪnɪŋ]
minério (m)	ore	[ɔ:(r)]
mina (f)	mine	[maɪn]
poço (m) de mina	shaft	[ʃɑ:ft]
mineiro (m)	miner	['maɪnə(r)]
gás (m)	gas	[gæs]
gasoduto (m)	gas pipeline	[gæs 'paɪplaɪn]

petróleo (m)	**oil, petroleum**	[ɔɪl], [pɪ'trəʊlɪəm]
oleoduto (m)	**oil pipeline**	[ɔɪl 'paɪplaɪn]
poço (m) de petróleo	**oil well**	[ɔɪl wel]
torre (f) petrolífera	**derrick**	['derɪk]
petroleiro (m)	**tanker**	['tæŋkə(r)]
areia (f)	**sand**	[sænd]
calcário (m)	**limestone**	['laɪmstəʊn]
cascalho (m)	**gravel**	['grævəl]
turfa (f)	**peat**	[piːt]
argila (f)	**clay**	[kleɪ]
carvão (m)	**coal**	[kəʊl]
ferro (m)	**iron**	['aɪən]
ouro (m)	**gold**	[gəʊld]
prata (f)	**silver**	['sɪlvə(r)]
níquel (m)	**nickel**	['nɪkəl]
cobre (m)	**copper**	['kɒpə(r)]
zinco (m)	**zinc**	[zɪŋk]
manganês (m)	**manganese**	['mæŋgəniːz]
mercúrio (m)	**mercury**	['mɜːkjʊrɪ]
chumbo (m)	**lead**	[led]
mineral (m)	**mineral**	['mɪnərəl]
cristal (m)	**crystal**	['krɪstəl]
mármore (m)	**marble**	['mɑːbəl]
urânio (m)	**uranium**	[jʊ'reɪnjəm]

A Terra. Parte 2

133. Tempo

tempo (m)	weather	['weðə(r)]
previsão (f) do tempo	weather forecast	['weðə 'fɔːkɑːst]
temperatura (f)	temperature	['temprətʃə(r)]
termómetro (m)	thermometer	[θəˈmɒmɪtə(r)]
barómetro (m)	barometer	[bəˈrɒmɪtə(r)]
húmido	humid	['hjuːmɪd]
humidade (f)	humidity	[hjuːˈmɪdətɪ]
calor (m)	heat	[hiːt]
cálido	hot	[hɒt]
está muito calor	it's hot	[ɪts hɒt]
está calor	it's warm	[ɪts wɔːm]
quente	warm	[wɔːm]
está frio	it's cold	[ɪts kəʊld]
frio	cold	[kəʊld]
sol (m)	sun	[sʌn]
brilhar (vi)	to shine (vi)	[tə ʃaɪn]
de sol, ensolarado	sunny	['sʌnɪ]
nascer (vi)	to come up (vi)	[tə kʌm ʌp]
pôr-se (vr)	to set (vi)	[tə set]
nuvem (f)	cloud	[klaʊd]
nublado	cloudy	['klaʊdɪ]
nuvem (f) preta	rain cloud	[reɪn klaʊd]
escuro, cinzento	sombre	['sɒmbə(r)]
chuva (f)	rain	[reɪn]
está a chover	it's raining	[ˌɪt ɪz 'reɪnɪŋ]
chuvoso	rainy	['reɪnɪ]
chuviscar (vi)	to drizzle (vi)	[tə 'drɪzəl]
chuva (f) torrencial	pouring rain	['pɔːrɪŋ reɪn]
chuvada (f)	downpour	['daʊnpɔː(r)]
forte (chuva)	heavy	['hevɪ]
poça (f)	puddle	['pʌdəl]
molhar-se (vr)	to get wet	[tə get wet]
nevoeiro (m)	fog, mist	[fɒg], [mɪst]
de nevoeiro	foggy	['fɒgɪ]
neve (f)	snow	[snəʊ]
está a nevar	it's snowing	[ɪts snəʊɪŋ]

134. Tempo extremo. Catástrofes naturais

trovoada (f)	thunderstorm	['θʌndəstɔːm]
relâmpago (m)	lightning	['laɪtnɪŋ]
relampejar (vi)	to flash (vi)	[tə flæʃ]
trovão (m)	thunder	['θʌndə(r)]
trovejar (vi)	to thunder (vi)	[tə 'θʌndə(r)]
está a trovejar	it's thundering	[ɪts 'θʌndərɪŋ]
granizo (m)	hail	[heɪl]
está a cair granizo	it's hailing	[ɪts heɪlɪŋ]
inundar (vt)	to flood (vt)	[tə flʌd]
inundação (f)	flood	[flʌd]
terremoto (m)	earthquake	['ɜːθkweɪk]
abalo, tremor (m)	tremor, shock	['tremə(r)], [ʃɒk]
epicentro (m)	epicentre	['epɪsentə(r)]
erupção (f)	eruption	[ɪ'rʌpʃən]
lava (f)	lava	['lɑːvə]
turbilhão (m)	twister	['twɪstə(r)]
tornado (m)	tornado	[tɔː'neɪdəʊ]
tufão (m)	typhoon	[taɪ'fuːn]
furacão (m)	hurricane	['hʌrɪkən]
tempestade (f)	storm	[stɔːm]
tsunami (m)	tsunami	[tsuː'nɑːmɪ]
ciclone (m)	cyclone	['saɪkləʊn]
mau tempo (m)	bad weather	[bæd 'weðə(r)]
incêndio (m)	fire	['faɪə(r)]
catástrofe (f)	disaster	[dɪ'zɑːstə(r)]
meteorito (m)	meteorite	['miːtjəraɪt]
avalanche (f)	avalanche	['ævəlɑːnʃ]
deslizamento (m) de neve	snowslide	['snəʊslaɪd]
nevasca (f)	blizzard	['blɪzəd]
tempestade (f) de neve	snowstorm	['snəʊstɔːm]

Fauna

135. Mamíferos. Predadores

predador (m)	predator	['predətə(r)]
tigre (m)	tiger	['taɪgə(r)]
leão (m)	lion	['laɪən]
lobo (m)	wolf	[wʊlf]
raposa (f)	fox	[fɒks]
jaguar (m)	jaguar	['dʒægjʊə(r)]
leopardo (m)	leopard	['lepəd]
chita (f)	cheetah	['tʃi:tə]
pantera (f)	black panther	[blæk 'pænθə(r)]
puma (m)	puma	['pju:mə]
leopardo-das-neves (m)	snow leopard	[snəʊ 'lepəd]
lince (m)	lynx	[lɪnks]
coiote (m)	coyote	[kɔɪ'əʊtɪ]
chacal (m)	jackal	['dʒækəl]
hiena (f)	hyena	[haɪ'i:nə]

136. Animais selvagens

animal (m)	animal	['ænɪməl]
besta (f)	beast	[bi:st]
esquilo (m)	squirrel	['skwɪrəl]
ouriço (m)	hedgehog	['hedʒhɒg]
lebre (f)	hare	[heə(r)]
coelho (m)	rabbit	['ræbɪt]
texugo (m)	badger	['bædʒə(r)]
guaxinim (m)	raccoon	[rə'ku:n]
hamster (m)	hamster	['hæmstə(r)]
marmota (f)	marmot	['mɑ:mət]
toupeira (f)	mole	[məʊl]
rato (m)	mouse	[maʊs]
ratazana (f)	rat	[ræt]
morcego (m)	bat	[bæt]
arminho (m)	ermine	['ɜ:mɪn]
zibelina (f)	sable	['seɪbəl]
marta (f)	marten	['mɑ:tɪn]
doninha (f)	weasel	['wɪ:zəl]
vison (m)	mink	[mɪŋk]

castor (m)	beaver	['bi:və(r)]
lontra (f)	otter	['ɒtə(r)]
cavalo (m)	horse	[hɔ:s]
alce (m)	moose	[mu:s]
veado (m)	deer	[dɪə(r)]
camelo (m)	camel	['kæməl]
bisão (m)	bison	['baɪsən]
auroque (m)	wisent	['wi:zənt]
búfalo (m)	buffalo	['bʌfələʊ]
zebra (f)	zebra	['zebrə]
antílope (m)	antelope	['æntɪləʊp]
corça (f)	roe deer	[rəʊ dɪə(r)]
gamo (m)	fallow deer	['fæləʊ dɪə(r)]
camurça (f)	chamois	['ʃæmwɑ:]
javali (m)	wild boar	[ˌwaɪld 'bɔ:(r)]
baleia (f)	whale	[weɪl]
foca (f)	seal	[si:l]
morsa (f)	walrus	['wɔ:lrəs]
urso-marinho (m)	fur seal	['fɜ:ˌsi:l]
golfinho (m)	dolphin	['dɒlfɪn]
urso (m)	bear	[beə]
urso (m) branco	polar bear	['pəʊlə ˌbeə(r)]
panda (m)	panda	['pændə]
macaco (em geral)	monkey	['mʌŋkɪ]
chimpanzé (m)	chimpanzee	[ˌtʃɪmpæn'zi:]
orangotango (m)	orangutan	[ɒˌræŋu:'tæn]
gorila (m)	gorilla	[gə'rɪlə]
macaco (m)	macaque	[mə'kɑ:k]
gibão (m)	gibbon	['gɪbən]
elefante (m)	elephant	['elɪfənt]
rinoceronte (m)	rhinoceros	[raɪ'nɒsərəs]
girafa (f)	giraffe	[dʒɪ'rɑ:f]
hipopótamo (m)	hippopotamus	[ˌhɪpə'pɒtəməs]
canguru (m)	kangaroo	[ˌkæŋgə'ru:]
coala (m)	koala	[kəʊ'ɑ:lə]
mangusto (m)	mongoose	['mɒŋgu:s]
chinchila (m)	chinchilla	[ˌtʃɪn'tʃɪlə]
doninha-fedorenta (f)	skunk	[skʌŋk]
porco-espinho (m)	porcupine	['pɔ:kjʊpaɪn]

137. Animais domésticos

gata (f)	cat	[kæt]
gato (m) macho	tomcat	['tɒmkæt]
cão (m)	dog	[dɒg]

cavalo (m)	horse	[hɔːs]
garanhão (m)	stallion	[ˈstælɪən]
égua (f)	mare	[meə(r)]
vaca (f)	cow	[kaʊ]
touro (m)	bull	[bʊl]
boi (m)	ox	[ɒks]
ovelha (f)	sheep	[ʃiːp]
carneiro (m)	ram	[ræm]
cabra (f)	goat	[gəʊt]
bode (m)	he-goat	[ˈhiː-gəʊt]
burro (m)	donkey	[ˈdɒŋkɪ]
mula (f)	mule	[mjuːl]
porco (m)	pig	[pɪg]
leitão (m)	piglet	[ˈpɪglɪt]
coelho (m)	rabbit	[ˈræbɪt]
galinha (f)	hen	[hen]
galo (m)	cock	[kɒk]
pata (f)	duck	[dʌk]
pato (macho)	drake	[dreɪk]
ganso (m)	goose	[guːs]
peru (m)	tom turkey, gobbler	[tɒm ˈtɜːkɪ], [ˈgɒblə(r)]
perua (f)	turkey	[ˈtɜːkɪ]
animais (m pl) domésticos	domestic animals	[dəˈmestɪk ˈænɪməlz]
domesticado	tame	[teɪm]
domesticar (vt)	to tame (vt)	[tə teɪm]
criar (vt)	to breed (vt)	[tə briːd]
quinta (f)	farm	[fɑːm]
aves (f pl) domésticas	poultry	[ˈpəʊltrɪ]
gado (m)	cattle	[ˈkætəl]
rebanho (m), manada (f)	herd	[hɜːd]
estábulo (m)	stable	[ˈsteɪbəl]
pocilga (f)	pigsty	[ˈpɪgstaɪ]
estábulo (m)	cowshed	[ˈkaʊʃed]
coelheira (f)	rabbit hutch	[ˈræbɪt ˌhʌtʃ]
galinheiro (m)	hen house	[ˈhenˌhaʊs]

138. Pássaros

pássaro (m), ave (f)	bird	[bɜːd]
pombo (m)	pigeon	[ˈpɪdʒɪn]
pardal (m)	sparrow	[ˈspærəʊ]
chapim-real (m)	tit	[tɪt]
pega-rabuda (f)	magpie	[ˈmægpaɪ]
corvo (m)	raven	[ˈreɪvən]

gralha (f) cinzenta	crow	[krəʊ]
gralha-de-nuca-cinzenta (f)	jackdaw	['dʒækdɔ:]
gralha-calva (f)	rook	[rʊk]
pato (m)	duck	[dʌk]
ganso (m)	goose	[gu:s]
faisão (m)	pheasant	['fezənt]
águia (f)	eagle	['i:gəl]
açor (m)	hawk	[hɔ:k]
falcão (m)	falcon	['fɔ:lkən]
abutre (m)	vulture	['vʌltʃə]
condor (m)	condor	['kɒndɔ:(r)]
cisne (m)	swan	[swɒn]
grou (m)	crane	[kreɪn]
cegonha (f)	stork	[stɔ:k]
papagaio (m)	parrot	['pærət]
beija-flor (m)	hummingbird	['hʌmɪŋˌbɜ:d]
pavão (m)	peacock	['pi:kɒk]
avestruz (m)	ostrich	['ɒstrɪtʃ]
garça (f)	heron	['herən]
flamingo (m)	flamingo	[fləˈmɪŋgəʊ]
pelicano (m)	pelican	['pelɪkən]
rouxinol (m)	nightingale	['naɪtɪŋgeɪl]
andorinha (f)	swallow	['swɒləʊ]
tordo-zornal (m)	thrush	[θrʌʃ]
tordo-músico (m)	song thrush	[sɒŋ θrʌʃ]
melro-preto (m)	blackbird	['blækˌbɜ:d]
andorinhão (m)	swift	[swɪft]
cotovia (f)	lark	[lɑ:k]
codorna (f)	quail	[kweɪl]
pica-pau (m)	woodpecker	['wʊdˌpekə(r)]
cuco (m)	cuckoo	['kʊku:]
coruja (f)	owl	[aʊl]
corujão, bufo (m)	eagle owl	['i:gəl aʊl]
tetraz-grande (m)	wood grouse	[wʊd graʊs]
tetraz-lira (m)	black grouse	[blæk graʊs]
perdiz-cinzenta (f)	partridge	['pɑ:trɪdʒ]
estorninho (m)	starling	['stɑ:lɪŋ]
canário (m)	canary	[kə'neərɪ]
galinha-do-mato (f)	hazel grouse	['heɪzəl graʊs]
tentilhão (m)	chaffinch	['tʃæfɪntʃ]
dom-fafe (m)	bullfinch	['bʊlfɪntʃ]
gaivota (f)	seagull	['si:gʌl]
albatroz (m)	albatross	['ælbətrɒs]
pinguim (m)	penguin	['peŋgwɪn]

139. Peixes. Animais marinhos

brema (f)	bream	[bri:m]
carpa (f)	carp	[kɑ:p]
perca (f)	perch	[pɜ:tʃ]
siluro (m)	catfish	['kætfɪʃ]
lúcio (m)	pike	[paɪk]

| salmão (m) | salmon | ['sæmən] |
| esturjão (m) | sturgeon | ['stɜ:dʒən] |

arenque (m)	herring	['herɪŋ]
salmão (m)	Atlantic salmon	[ət'læntɪk 'sæmən]
cavala, sarda (f)	mackerel	['mækərəl]
solha (f)	flatfish	['flætfɪʃ]

lúcio perca (m)	pike perch	[paɪk pɜ:tʃ]
bacalhau (m)	cod	[kɒd]
atum (m)	tuna	['tju:nə]
truta (f)	trout	[traʊt]

enguia (f)	eel	[i:l]
raia elétrica (f)	electric ray	[ɪ'lektrɪk reɪ]
moreia (f)	moray eel	['mɒreɪ i:l]
piranha (f)	piranha	[pɪ'rɑ:nə]

tubarão (m)	shark	[ʃɑ:k]
golfinho (m)	dolphin	['dɒlfɪn]
baleia (f)	whale	[weɪl]

caranguejo (m)	crab	[kræb]
medusa, alforreca (f)	jellyfish	['dʒelɪfɪʃ]
polvo (m)	octopus	['ɒktəpəs]

estrela-do-mar (f)	starfish	['stɑ:fɪʃ]
ouriço-do-mar (m)	sea urchin	[si: 'ɜ:tʃɪn]
cavalo-marinho (m)	seahorse	['si:hɔ:s]

ostra (f)	oyster	['ɔɪstə(r)]
camarão (m)	prawn	[prɔ:n]
lavagante (m)	lobster	['lɒbstə(r)]
lagosta (f)	spiny lobster	['spaɪnɪ 'lɒbstə(r)]

140. Anfíbios. Répteis

| serpente, cobra (f) | snake | [sneɪk] |
| venenoso | venomous | ['venəməs] |

víbora (f)	viper	['vaɪpə(r)]
cobra-capelo, naja (f)	cobra	['kəʊbrə]
pitão (m)	python	['paɪθən]
jiboia (f)	boa	['bəʊə]
cobra-de-água (f)	grass snake	['grɑ:s ˌsneɪk]

cascavel (f)	rattle snake	['rætəl sneɪk]
anaconda (f)	anaconda	[ˌænə'kɒndə]
lagarto (m)	lizard	['lɪzəd]
iguana (f)	iguana	[ɪ'gwɑːnə]
varano (m)	monitor lizard	['mɒnɪtə 'lɪzəd]
salamandra (f)	salamander	['sælə‚mændə(r)]
camaleão (m)	chameleon	[kə'miːlɪən]
escorpião (m)	scorpion	['skɔːpɪən]
tartaruga (f)	turtle, tortoise	['tɜːtəl], ['tɔːtəs]
rã (f)	frog	[frɒg]
sapo (m)	toad	[təʊd]
crocodilo (m)	crocodile	['krɒkədaɪl]

141. Insetos

inseto (m)	insect	['ɪnsekt]
borboleta (f)	butterfly	['bʌtəflaɪ]
formiga (f)	ant	[ænt]
mosca (f)	fly	[flaɪ]
mosquito (m)	mosquito	[mə'skiːtəʊ]
escaravelho (m)	beetle	['biːtəl]
vespa (f)	wasp	[wɒsp]
abelha (f)	bee	[biː]
mamangava (f)	bumblebee	['bʌmbəlbiː]
moscardo (m)	gadfly	['gædflaɪ]
aranha (f)	spider	['spaɪdə(r)]
teia (f) de aranha	spider's web	['spaɪdəz web]
libélula (f)	dragonfly	['drægənflaɪ]
gafanhoto-do-campo (m)	grasshopper	['grɑːs‚hɒpə(r)]
traça (f)	moth	[mɒθ]
barata (f)	cockroach	['kɒkrəʊtʃ]
carraça (f)	tick	[tɪk]
pulga (f)	flea	[fliː]
borrachudo (m)	midge	[mɪdʒ]
gafanhoto (m)	locust	['ləʊkəst]
caracol (m)	snail	[sneɪl]
grilo (m)	cricket	['krɪkɪt]
pirilampo (m)	firefly	['faɪəflaɪ]
joaninha (f)	ladybird	['leɪdɪbɜːd]
besouro (m)	cockchafer	['kɒk‚tʃeɪfə(r)]
sanguessuga (f)	leech	[liːtʃ]
lagarta (f)	caterpillar	['kætəpɪlə(r)]
minhoca (f)	earthworm	['ɜːθwɜːm]
larva (f)	larva	['lɑːvə]

Flora

142. Árvores

árvore (f)	tree	[tri:]
decídua	deciduous	[dɪˈsɪdjʊəs]
conífera	coniferous	[kəˈnɪfərəs]
perene	evergreen	[ˈevəgriːn]
macieira (f)	apple tree	[ˈæpəl ˌtriː]
pereira (f)	pear tree	[ˈpeə ˌtriː]
cerejeira (f)	sweet cherry tree	[swiːt ˈtʃerɪ triː]
ginjeira (f)	sour cherry tree	[ˈsaʊə ˈtʃerɪ triː]
ameixeira (f)	plum tree	[ˈplʌm triː]
bétula (f)	birch	[bɜːtʃ]
carvalho (m)	oak	[əʊk]
tília (f)	linden tree	[ˈlɪndən triː]
choupo-tremedor (m)	aspen	[ˈæspən]
bordo (m)	maple	[ˈmeɪpəl]
espruce-europeu (m)	spruce	[spruːs]
pinheiro (m)	pine	[paɪn]
alerce, lariço (m)	larch	[lɑːtʃ]
abeto (m)	fir	[fɜː(r)]
cedro (m)	cedar	[ˈsiːdə(r)]
choupo, álamo (m)	poplar	[ˈpɒplə(r)]
tramazeira (f)	rowan	[ˈrəʊən]
salgueiro (m)	willow	[ˈwɪləʊ]
amieiro (m)	alder	[ˈɔːldə(r)]
faia (f)	beech	[biːtʃ]
ulmeiro (m)	elm	[elm]
freixo (m)	ash	[æʃ]
castanheiro (m)	chestnut	[ˈtʃesnʌt]
magnólia (f)	magnolia	[mægˈnəʊlɪə]
palmeira (f)	palm tree	[pɑːm triː]
cipreste (m)	cypress	[ˈsaɪprəs]
mangue (m)	mangrove	[ˈmæŋgrəʊv]
embondeiro, baobá (m)	baobab	[ˈbeɪəʊˌbæb]
eucalipto (m)	eucalyptus	[ˌjuːkəˈlɪptəs]
sequoia (f)	sequoia	[sɪˈkwɔɪə]

143. Arbustos

arbusto (m)	bush	[bʊʃ]
arbusto (m), moita (f)	shrub	[ʃrʌb]

videira (f)	grapevine	['greɪpvaɪn]
vinhedo (m)	vineyard	['vɪnjəd]

framboeseira (f)	raspberry bush	['rɑːzbərɪ bʊʃ]
groselheira-vermelha (f)	redcurrant bush	['redkʌrənt bʊʃ]
groselheira (f) espinhosa	gooseberry bush	['gʊzbərɪ ˌbʊʃ]

acácia (f)	acacia	[əˈkeɪʃə]
bérberis (f)	barberry	['bɑːbərɪ]
jasmim (m)	jasmine	['dʒæzmɪn]

junípero (m)	juniper	['dʒuːnɪpə(r)]
roseira (f)	rosebush	['rəʊzbʊʃ]
roseira (f) brava	dog rose	['dɒg ˌrəʊz]

144. Frutos. Bagas

fruta (f)	fruit	[fruːt]
frutas (f pl)	fruits	[fruːts]
maçã (f)	apple	['æpəl]
pera (f)	pear	[peə(r)]
ameixa (f)	plum	[plʌm]

morango (m)	strawberry	['strɔːbərɪ]
ginja (f)	sour cherry	['saʊə 'tʃerɪ]
cereja (f)	sweet cherry	[swiːt 'tʃerɪ]
uva (f)	grape	[greɪp]

framboesa (f)	raspberry	['rɑːzbərɪ]
groselha (f) preta	blackcurrant	[ˌblækˈkʌrənt]
groselha (f) vermelha	redcurrant	['redkʌrənt]

groselha (f) espinhosa	gooseberry	['gʊzbərɪ]
oxicoco (m)	cranberry	['krænbərɪ]

laranja (f)	orange	['ɒrɪndʒ]
tangerina (f)	tangerine	[ˌtændʒəˈriːn]
ananás (m)	pineapple	['paɪnˌæpəl]

banana (f)	banana	[bəˈnɑːnə]
tâmara (f)	date	[deɪt]

limão (m)	lemon	['lemən]
damasco (m)	apricot	['eɪprɪkɒt]
pêssego (m)	peach	[piːtʃ]

kiwi (m)	kiwi	['kiːwiː]
toranja (f)	grapefruit	['greɪpfruːt]

baga (f)	berry	['berɪ]
bagas (f pl)	berries	['berɪːz]
arando (m) vermelho	cowberry	['kaʊberɪ]
morango-silvestre (m)	wild strawberry	['waɪld 'strɔːbərɪ]
mirtilo (m)	bilberry	['bɪlbərɪ]

145. Flores. Plantas

flor (f)	flower	['flaʊə(r)]
ramo (m) de flores	bouquet	[bʊ'keɪ]

rosa (f)	rose	[rəʊz]
tulipa (f)	tulip	['tjuːlɪp]
cravo (m)	carnation	[kɑːˈneɪʃən]
gladíolo (m)	gladiolus	[ˌglædɪˈəʊləs]

centáurea (f)	cornflower	[ˈkɔːnflaʊə(r)]
campânula (f)	harebell	[ˈheəbel]
dente-de-leão (m)	dandelion	[ˈdændɪlaɪən]
camomila (f)	camomile	[ˈkæməmaɪl]

aloé (m)	aloe	[ˈæləʊ]
cato (m)	cactus	[ˈkæktəs]
fícus (m)	rubber plant, ficus	[ˈrʌbə plɑːnt], [ˈfaɪkəs]

lírio (m)	lily	[ˈlɪlɪ]
gerânio (m)	geranium	[dʒɪˈreɪnjəm]
jacinto (m)	hyacinth	[ˈhaɪəsɪnθ]

mimosa (f)	mimosa	[mɪˈməʊzə]
narciso (m)	narcissus	[nɑːˈsɪsəs]
capuchinha (f)	nasturtium	[nəsˈtɜːʃəm]

orquídea (f)	orchid	[ˈɔːkɪd]
peónia (f)	peony	[ˈpiːənɪ]
violeta (f)	violet	[ˈvaɪələt]

amor-perfeito (m)	pansy	[ˈpænzɪ]
não-me-esqueças (m)	forget-me-not	[fəˈget mi ˌnɒt]
margarida (f)	daisy	[ˈdeɪzɪ]

papoula (f)	poppy	[ˈpɒpɪ]
cânhamo (m)	hemp	[hemp]
hortelã (f)	mint	[mɪnt]

lírio-do-vale (m)	lily of the valley	[ˈlɪlɪ əv ðə ˈvælɪ]
campânula-branca (f)	snowdrop	[ˈsnəʊdrɒp]

urtiga (f)	nettle	[ˈnetəl]
azeda (f)	sorrel	[ˈsɒrəl]
nenúfar (m)	water lily	[ˈwɔːtə ˈlɪlɪ]
feto (m), samambaia (f)	fern	[fɜːn]
líquen (m)	lichen	[ˈlaɪkən]

estufa (f)	conservatory	[kənˈsɜːvətrɪ]
relvado (m)	lawn	[lɔːn]
canteiro (m) de flores	flowerbed	[ˈflaʊəbed]

planta (f)	plant	[plɑːnt]
erva (f)	grass	[grɑːs]
folha (f) de erva	blade of grass	[bleɪd əv grɑːs]

folha (f)	leaf	[li:f]
pétala (f)	petal	['petəl]
talo (m)	stem	[stem]
tubérculo (m)	tuber	['tju:bə(r)]

| broto, rebento (m) | young plant | [jʌŋ plɑ:nt] |
| espinho (m) | thorn | [θɔ:n] |

florescer (vi)	to blossom (vi)	[tə 'blɒsəm]
murchar (vi)	to fade (vi)	[tə feɪd]
cheiro (m)	smell	[smel]
cortar (flores)	to cut (vt)	[tə kʌt]
colher (uma flor)	to pick (vt)	[tə pɪk]

146. Cereais, grãos

grão (m)	grain	[greɪn]
cereais (plantas)	cereal crops	['sɪərɪəl krɒps]
espiga (f)	ear	[ɪə(r)]

trigo (m)	wheat	[wi:t]
centeio (m)	rye	[raɪ]
aveia (f)	oats	[əʊts]
milho-miúdo (m)	millet	['mɪlɪt]
cevada (f)	barley	['bɑ:lɪ]

milho (m)	maize	[meɪz]
arroz (m)	rice	[raɪs]
trigo-sarraceno (m)	buckwheat	['bʌkwi:t]

ervilha (f)	pea	[pi:]
feijão (m)	kidney bean	['kɪdnɪ bi:n]
soja (f)	soya	['sɔɪə]
lentilha (f)	lentil	['lentɪl]
fava (f)	beans	[bi:nz]

PAÍSES. NACIONALIDADES

147. Europa Ocidental

Europa (f)	Europe	['jʊərəp]
União (f) Europeia	European Union	[ˌjʊərə'piːən 'juːnɪən]
Áustria (f)	Austria	['ɒstrɪə]
Grã-Bretanha (f)	Great Britain	[greɪt 'brɪtən]
Inglaterra (f)	England	['ɪŋglənd]
Bélgica (f)	Belgium	['beldʒəm]
Alemanha (f)	Germany	['dʒɜːmənɪ]
Países (m pl) Baixos	Netherlands	['neðələndz]
Holanda (f)	Holland	['hɒlənd]
Grécia (f)	Greece	[griːs]
Dinamarca (f)	Denmark	['denmɑːk]
Irlanda (f)	Ireland	['aɪələnd]
Islândia (f)	Iceland	['aɪslənd]
Espanha (f)	Spain	[speɪn]
Itália (f)	Italy	['ɪtəlɪ]
Chipre (m)	Cyprus	['saɪprəs]
Malta (f)	Malta	['mɔːltə]
Noruega (f)	Norway	['nɔːweɪ]
Portugal (m)	Portugal	['pɔːtʃʊgəl]
Finlândia (f)	Finland	['fɪnlənd]
França (f)	France	[frɑːns]
Suécia (f)	Sweden	['swiːdən]
Suíça (f)	Switzerland	['swɪtsələnd]
Escócia (f)	Scotland	['skɒtlənd]
Vaticano (m)	Vatican	['vætɪkən]
Liechtenstein (m)	Liechtenstein	['lɪktənstaɪn]
Luxemburgo (m)	Luxembourg	['lʌksəmbɜːg]
Mónaco (m)	Monaco	['mɒnəkəʊ]

148. Europa Central e de Leste

Albânia (f)	Albania	[æl'beɪnɪə]
Bulgária (f)	Bulgaria	[bʌl'geərɪə]
Hungria (f)	Hungary	['hʌŋgərɪ]
Letónia (f)	Latvia	['lætvɪə]
Lituânia (f)	Lithuania	[ˌlɪθjʊ'eɪnjə]
Polónia (f)	Poland	['pəʊlənd]

Roménia (f)	Romania	[ru:'meɪnɪə]
Sérvia (f)	Serbia	['sɜ:bɪə]
Eslováquia (f)	Slovakia	[slə'vækɪə]

Croácia (f)	Croatia	[krəʊ'eɪʃə]
República (f) Checa	Czech Republic	[ʧek rɪ'pʌblɪk]
Estónia (f)	Estonia	[e'stəʊnjə]

Bósnia e Herzegovina (f)	Bosnia and Herzegovina	['bɒznɪə ənd ˌheətsəgə'vi:nə]
Macedónia (f)	Macedonia	[ˌmæsɪ'dəʊnɪə]
Eslovénia (f)	Slovenia	[slə'vi:nɪə]
Montenegro (m)	Montenegro	[ˌmɒntɪ'ni:grəʊ]

149. Países da ex-URSS

| Azerbaijão (m) | Azerbaijan | [ˌæzəbaɪ'ʤɑ:n] |
| Arménia (f) | Armenia | [ɑ:'mi:nɪə] |

Bielorrússia (f)	Belarus	[ˌbelə'ru:s]
Geórgia (f)	Georgia	['ʤɔ:ʤə]
Cazaquistão (m)	Kazakhstan	[ˌkæzæk'stɑ:n]
Quirguistão (m)	Kirghizia	[kɜ:'gɪzɪə]
Moldávia (f)	Moldavia	[mɒl'deɪvɪə]

| Rússia (f) | Russia | ['rʌʃə] |
| Ucrânia (f) | Ukraine | [ju:'kreɪn] |

Tajiquistão (m)	Tajikistan	[tɑ:ˌʤɪkɪ'stɑ:n]
Turquemenistão (m)	Turkmenistan	[ˌtɜ:kmenɪ'stɑ:n]
Uzbequistão (f)	Uzbekistan	[ʊzˌbekɪ'stɑ:n]

150. Asia

Ásia (f)	Asia	['eɪʒə]
Vietname (m)	Vietnam	[ˌvjet'næm]
Índia (f)	India	['ɪndɪə]
Israel (m)	Israel	['ɪzreɪəl]

China (f)	China	['ʧaɪnə]
Líbano (m)	Lebanon	['lebənən]
Mongólia (f)	Mongolia	[mɒŋ'gəʊlɪə]

| Malásia (f) | Malaysia | [mə'leɪzɪə] |
| Paquistão (m) | Pakistan | [ˌpɑ:kɪ'stɑ:n] |

Arábia (f) Saudita	Saudi Arabia	['saʊdɪ ə'reɪbɪə]
Tailândia (f)	Thailand	['taɪlænd]
Taiwan (m)	Taiwan	[ˌtaɪ'wɑ:n]
Turquia (f)	Turkey	['tɜ:kɪ]
Japão (m)	Japan	[ʤə'pæn]
Afeganistão (m)	Afghanistan	[æf'gænɪˌstæn]
Bangladesh (m)	Bangladesh	[ˌbæŋglə'deʃ]

| Indonésia (f) | Indonesia | [ˌɪndəˈniːzjə] |
| Jordânia (f) | Jordan | [ˈdʒɔːdən] |

Iraque (m)	Iraq	[ɪˈrɑːk]
Irão (m)	Iran	[ɪˈrɑːn]
Camboja (f)	Cambodia	[kæmˈbəʊdjə]
Kuwait (m)	Kuwait	[kʊˈweɪt]

Laos (m)	Laos	[laʊs]
Myanmar (m), Birmânia (f)	Myanmar	[ˌmaɪænˈmɑː(r)]
Nepal (m)	Nepal	[nɪˈpɔːl]
Emirados Árabes Unidos	United Arab Emirates	[juːˈnaɪtɪd ˈærəb ˈemərəts]

Síria (f)	Syria	[ˈsɪrɪə]
Palestina (f)	Palestine	[ˈpæləˌstaɪn]
Coreia do Sul (f)	South Korea	[saʊθ kəˈrɪə]
Coreia do Norte (f)	North Korea	[nɔːθ kəˈrɪə]

151. América do Norte

Estados Unidos da América	United States of America	[juːˈnaɪtɪd steɪts əv əˈmerɪkə]
Canadá (m)	Canada	[ˈkænədə]
México (m)	Mexico	[ˈmeksɪkəʊ]

152. América Central do Sul

Argentina (f)	Argentina	[ˌɑːdʒənˈtiːnə]
Brasil (m)	Brazil	[brəˈzɪl]
Colômbia (f)	Colombia	[kəˈlɒmbɪə]
Cuba (f)	Cuba	[ˈkjuːbə]
Chile (m)	Chile	[ˈtʃɪlɪ]

Bolívia (f)	Bolivia	[bəˈlɪvɪə]
Venezuela (f)	Venezuela	[ˌvenɪˈzweɪlə]
Paraguai (m)	Paraguay	[ˈpærəgwaɪ]
Peru (m)	Peru	[pəˈruː]
Suriname (m)	Suriname	[ˌsʊərɪˈnæm]
Uruguai (m)	Uruguay	[ˈjʊərəgwaɪ]
Equador (m)	Ecuador	[ˈekwədɔː(r)]
Bahamas (f pl)	The Bahamas	[ðə bəˈhɑːməz]
Haiti (m)	Haiti	[ˈheɪtɪ]

República (f) Dominicana	Dominican Republic	[dəˈmɪnɪkən rɪˈpʌblɪk]
Panamá (m)	Panama	[ˈpænəmɑː]
Jamaica (f)	Jamaica	[dʒəˈmeɪkə]

153. Africa

| Egito (m) | Egypt | [ˈiːdʒɪpt] |
| Marrocos | Morocco | [məˈrɒkəʊ] |

Tunísia (f)	Tunisia	[tjuːˈnɪzɪə]
Gana (f)	Ghana	[ˈgɑːnə]
Zanzibar (m)	Zanzibar	[ˌzænzɪˈbɑː(r)]
Quénia (f)	Kenya	[ˈkenjə]
Líbia (f)	Libya	[ˈlɪbɪə]
Madagáscar (m)	Madagascar	[ˌmædəˈgæskə(r)]
Namíbia (f)	Namibia	[nəˈmɪbɪə]
Senegal (m)	Senegal	[ˌsenɪˈgɔːl]
Tanzânia (f)	Tanzania	[ˌtænzəˈnɪə]
África do Sul (f)	South Africa	[sauθ ˈæfrɪkə]

154. Austrália. Oceania

Austrália (f)	Australia	[ɒˈstreɪljə]
Nova Zelândia (f)	New Zealand	[njuː ˈziːlənd]
Tasmânia (f)	Tasmania	[tæzˈmeɪnjə]
Polinésia Francesa (f)	French Polynesia	[frentʃ ˌpɒlɪˈniːzjə]

155. Cidades

Amesterdão	Amsterdam	[ˌæmstəˈdæm]
Ancara	Ankara	[ˈæŋkərə]
Atenas	Athens	[ˈæθɪnz]
Bagdade	Baghdad	[bægˈdæd]
Banguecoque	Bangkok	[ˌbæŋˈkɒk]
Barcelona	Barcelona	[ˌbɑːsɪˈləunə]
Beirute	Beirut	[ˌbeɪˈruːt]
Berlim	Berlin	[bɜːˈlɪn]
Bombaim	Mumbai	[mumˈbai]
Bona	Bonn	[bɒn]
Bordéus	Bordeaux	[bɔːˈdəu]
Bratislava	Bratislava	[ˌbrætɪˈslɑːvə]
Bruxelas	Brussels	[ˈbrʌsəlz]
Bucareste	Bucharest	[ˌbuːkəˈrest]
Budapeste	Budapest	[ˌbjuːdəˈpest]
Cairo	Cairo	[ˈkaɪərəu]
Calcutá	Kolkata	[koʊlˈkɑːtɑː]
Chicago	Chicago	[ʃɪˈkɑːgəu]
Cidade do México	Mexico City	[ˈmeksɪkəu ˈsɪtɪ]
Copenhaga	Copenhagen	[ˌkəupənˈheɪgən]
Dar es Salaam	Dar-es-Salaam	[ˌdɑːresəˈlɑːm]
Deli	Delhi	[ˈdelɪ]
Dubai	Dubai	[ˌduːˈbaɪ]
Dublin, Dublim	Dublin	[ˈdʌblɪn]
Düsseldorf	Düsseldorf	[ˌdjuːsəlˈdɔːf]
Estocolmo	Stockholm	[ˈstɒkhəum]

Florença	Florence	['flɒrəns]
Frankfurt	Frankfurt	['fræŋkfɜt]
Genebra	Geneva	[dʒɪ'niːvə]
Haia	The Hague	[ðə heɪg]
Hamburgo	Hamburg	['hæmbɜːg]
Hanói	Hanoi	[hæ'nɔɪ]
Havana	Havana	[hə'vænə]
Helsínquia	Helsinki	[hel'sɪŋkɪ]
Hiroshima	Hiroshima	[hɪ'rɒʃɪmə]
Hong Kong	Hong Kong	[ˌhɒŋ'kɒŋ]
Istambul	Istanbul	[ˌɪstæn'bʊl]
Jerusalém	Jerusalem	[dʒə'ruːsələm]
Kiev	Kyiv	['kiːev]
Kuala Lumpur	Kuala Lumpur	[ˌkwɑːlə'lʊmˌpʊə(r)]
Lisboa	Lisbon	['lɪzbən]
Londres	London	['lʌndən]
Los Angeles	Los Angeles	[lɒs'ændʒɪliːz]
Lion	Lyons	[liː'ɔ̃]
Madrid	Madrid	[mə'drɪd]
Marselha	Marseille	[mɑː'seɪ]
Miami	Miami	[maɪ'æmɪ]
Montreal	Montreal	[ˌmɒntrɪ'ɔːl]
Moscovo	Moscow	['mɒskəʊ]
Munique	Munich	['mjuːnɪk]
Nairóbi	Nairobi	[naɪ'rəʊbɪ]
Nápoles	Naples	['neɪpəlz]
Nice	Nice	[niːs]
Nova York	New York	[njuː 'jɔːk]
Oslo	Oslo	['ɒzləʊ]
Ottawa	Ottawa	['ɒtəwə]
Paris	Paris	['pærɪs]
Pequim	Beijing	[ˌbeɪ'dʒɪŋ]
Praga	Prague	[prɑːg]
Rio de Janeiro	Rio de Janeiro	['riːəʊ də dʒə'nɪərəʊ]
Roma	Rome	[rəʊm]
São Petersburgo	Saint Petersburg	[sənt 'piːtəzbɜːg]
Seul	Seoul	[səʊl]
Singapura	Singapore	[ˌsɪŋə'pɔː(r)]
Sydney	Sydney	['sɪdnɪ]
Taipé	Taipei	[taɪ'peɪ]
Tóquio	Tokyo	['təʊkjəʊ]
Toronto	Toronto	[tə'rɒntəʊ]
Varsóvia	Warsaw	['wɔːsɔː]
Veneza	Venice	['venɪs]
Viena	Vienna	[vɪ'enə]
Washington	Washington	['wɒʃɪŋtən]
Xangai	Shanghai	[ˌʃæŋ'haɪ]

www.ingramcontent.com/pod-product-compliance
Lightning Source LLC
Chambersburg PA
CBHW070605050426
42450CB00011B/2991